Sammlung 〈Ausführliche Praktische Deutsche Grammatik〉 3
Herausgeber : Nagatoshi Hamasaki, Jun Otomasa, Itsuhiko Noiri
Verlag : Daigakusyorin

Artikel, Präposition, Kasus

冠詞・前置詞・格

成田　節　著
中村　俊子

浜崎長寿・乙政　潤・野入逸彦編集〈ドイツ語文法シリーズ〉3

東京　大学書林　発行

「ドイツ語文法シリーズ」刊行のことば

　ドイツ語の参考書も時代とともにいつしか種類が大いに変わって，初心者向きのものが多彩になるとともに，中級者や上級者のためのものは種類が減ってしまった．かつては書店のドイツ語参考書の棚でよく見かけた著名な中・上級向けの参考書はほとんど姿を消してしまっている．

　ドイツ語の入門者の要求がさまざまであることに対応して，さまざまに工夫された参考書が刊行されていることは，ドイツ語教育の立場からして大いに歓迎されるべきことである．しかし，入門の段階を終えた学習者がその次に手にするべき参考書の種類が乏しいことは，たんに中・上級へ進んだ人々が困るという問題であるばかりでなく，中・上級の学習者層が育たない原因にもなりかねず，その意味ではドイツ語教育の立場から憂わしい状態であると言うことができよう．

　私たちは，ドイツ語文法の入門課程を終えた人々が中・上級者としての知識を身につける基礎を提供することによって今日のわが国におけるドイツ語教育に寄与したいと考えた．そして，『ドイツ語文法研究概論』と題するハンドブックを第1巻として，他は品詞を単位に，あるいは「格」や「副文」のような文法項目を単位に，またあるいは「語彙」，「造語」，「発音」，「綴字」，「表現」，「文体」など中級者が語学力のうちに数えるべき分野を単位に，すべてを10巻にまとめ，「ドイツ語文法シリーズ」のタイトルのもとに刊行することにした．

　また，第II期分として，第I期に盛ることができなかった品詞や文法項目や分野を網羅してさらに引き続いての10巻にまとめる計画も立てている．

　初級の文法知識をマスターして実地にそれらの知識を適用しながらさらに勉強を続けている人は，勉強して行くうちにさまざまな問題に出会って，自分の持っている知識をさらに深めたいと思っているはずである．あるいは特定の品詞や項目や分野について体系的な知識を得たいと望んでいると思われる．あるいはまた，自分が教えている現代ドイツ語の語形がどのようにして成立したのかという歴史的な由来も中級的な知識の一端として知りたいと考えられることもあろう．そのような希望に応えて，中・上級学習者の実地に役立つ知識を提供することが私たちの第一の願いである．そして，その際に

刊行のことば

記述がみだりに固くて難解にならないよう配慮し，いわば嚙んで含めるように述べ，かつまた，きちんと行き届いた説明をすることが，私たちが心がけた第一の点である．

　各巻には巻末に参考文献を挙げ，索引を付けた．読者はこれらの文献を利用すれば，問題の品詞や項目や分野についてさらに広範で深い知識を得ることができる．読者はまた索引によって，日頃出会う疑問に対する解答を容易に見つけることができるであろう．そして索引はそればかりではなく，問題の品詞や項目や分野についてどのような研究テーマがあるのかを知るためにも役立てることができるであろう．

　私たちの「文法シリーズ」は，こうして，なによりも中・上級ドイツ語の学習者に実地に役立つことを目指してはいるけれども，同時にそれは現在すでに教壇に立たれ，ドイツ語を教えておられる方々にも必ずやお役に立つと信じる．授業を進められるうちに，自分の知識を再度くわしく見直したり，体系的に整理されたりする必要はしばしば生まれると考えられるからである．各巻の詳しい説明はその際にきっと役に立つであろう．また，各巻に添えられた文献表や索引もさらに勉強を深められるうえでお役に立つと信じる．

　私たちのこのような意図と願いは，ドイツ語学の若手研究者として日々篤実な実績を積まれている方々の協力によって，ここに第Ⅰ期10巻として実り，逐次刊行されることとなった．各執筆者の協力を多とするとともに，このような地味なシリーズの刊行を敢えて引き受けて下さった大学書林の御好意に対して深く謝意を表明するものである．

　　　　　　　　　　　　　　　　　　　　　　1999年　夏

　　　　　　　　　　　　　　　　　　　　　　　　浜崎長寿

　　　　　　　　　　　　　　　　　　　　　　　　乙政　潤

　　　　　　　　　　　　　　　　　　　　　　　　野入逸彦

はしがき

　本書は，ドイツ語の冠詞，前置詞および格について，中級ないし上級の学習者に必要な事項をまとめたものです．基本事項の確認からはじまり，ドイツ語文章の読解に，あるいはドイツ語での作文や会話に必要な事項をできるだけ拾い上げて整理することを心がけました．必要に応じて，実用的なドイツ語能力の土台となる「ドイツ語の論理」に言及したところもありますが，基本的には実用的な文法書を目指して執筆し，専門的な用語や概念を用いるのも必要最小限にとどめました．

　第1章「冠詞」は中村俊子が担当しました．冠詞はとりわけコンテクストなしでは理解しにくい品詞です．そこで，できるだけコンテクストが明白になるような例文を挙げ，その例文をとおして，冠詞の各用法の理解を促すように心がけました．説明と例文を細かく照らしあわせながら読んでいただくと，ドイツ語の冠詞の用法を納得していただけると思います．

　第2章「前置詞」と第3章「格」は成田節が担当しました．前置詞と格の主な働きは文における語と語の関係を示すことにあります．したがって，前置詞と格の用法を正しく理解することにより，ドイツ語の文に対する理解が深まり，またドイツ語らしい文を書いたり話したりするための基礎がより確かなものとなるはずです．

　なお，ドイツ語表記は，原文の引用箇所を除き，原則として新正書法に従いました．

　本書の執筆に際して，多くの方にお世話になりました．とりわけ冠詞については『冠詞研究会』の皆様から有益なコメントをいただきました．この場をかりてお礼申し上げます．

2004年　春
成田　節
中村俊子（雅美）

目　　次

3.1. 冠詞（Artikel） ……………………………………………………………1

3.1.1. テクストにおける冠詞 …………………………………………………1
3.1.2. 日本語話者と冠詞 ………………………………………………………2
3.1.3. 無冠詞という呼称 ………………………………………………………2
3.1.4. 冠詞の由来 ………………………………………………………………3
3.1.5. 冠詞の格変化 ……………………………………………………………3
3.1.5.1. 定冠詞の格変化 ………………………………………………………4
3.1.5.2. 不定冠詞の格変化 ……………………………………………………5
3.1.5.3. 無冠詞の格変化 ………………………………………………………6
3.1.6. テクストに内在する要因に関わる冠詞のはたらきの補足 …………7
3.1.6.1. 名詞化の目印 …………………………………………………………7
3.1.6.2. 固有名詞と普通名詞を区別するはたらき …………………………8
3.1.6.3. 姓に冠詞をつけて性別を明示するはたらき ………………………8
3.1.6.4. 可算名詞と不可算名詞 ………………………………………………8
3.1.6.5. 単数形と複数形 ………………………………………………………10
3.1.6.6. 名詞の格を表示するはたらきに関連して …………………………11
3.1.7. 名詞の指示対象の表し方に関するはたらき …………………………12
3.1.7.1. 個称と総称 ……………………………………………………………12
3.1.7.2. ふたたび特定／不特定ということ …………………………………13
3.1.7.3. 識別可能／識別不可能ということ …………………………………14
3.1.8. 定冠詞，不定冠詞，無冠詞の用法 ……………………………………16
3.1.8.1. 定冠詞（Bestimmter Artikel）の用法 ………………………………17
3.1.8.1.1. 指示力なき指示詞としての用法 …………………………………17
　　　　　1. テクスト等のコンテクストから規定される場合 …………17
　　　　　2. 発話状況により規定される場合 ……………………………18
　　　　　3. 名詞が序数や最上級などで規定される場合 ………………18
3.1.8.1.2. 通念を表す用法 ………………………………………………………20
　　　　　1. 一つしか存在しないために規定される場合 ………………20

目　次

	A. 国名，地名	21
	B. 山地，海，河川名	21
	C. 姓名，職業名など	22
	D. 建造物名	23
	E. 会社名，組織名	23
	F. 新聞名や雑誌名	24
	G. 有名な工業製品の商標や型式	25

　　　　　2．時間名詞（四季，月，曜日，昼・夜） ………25
　　　　　3．手段を表す用法 ………25
　　　　　4．身体，身体の一部，
　　　　　　　着衣，着衣の一部などを表す用法 ………26
　　　　　5．抽象名詞の場合 ………26
　　　　　6．物質名詞の場合 ………26
3.1.8.1.3.　形式的定冠詞 ………26
　　　　　1．格の明示 ………27
　　　　　2．慣用的用法 ………27
　　　　　　　A. 熟語・成句 ………27
　　　　　　　B. 機能動詞構文中の名詞 ………28
　　　　　3．比率単位を示す ………29
3.1.8.2.　不定冠詞(Unbestimmter Artikel)の用法 ………29
3.1.8.2.1.　個別差を表す用法 ………30
3.1.8.2.2.　不定性を表す用法 ………31
3.1.8.2.3.　質を強調する用法 ………31
　　　　　1．姓名，職業名など ………32
　　　　　2．抽象名詞，物質名詞の場合 ………32
3.1.8.2.4.　仮構性の含みを表す用法 ………33
3.1.8.3.　無冠詞(Nullartikel)の用法 ………34
3.1.8.3.1.　不定冠詞の不定性を表す用法に相当する用法 ………34
3.1.8.3.2.　不特定多数を表す複数形に冠せる場合 ………35
3.1.8.3.3.　"語"そのものを際だたせる用法 ………35
3.1.8.3.4.　固有名詞 ………36
　　　　　1．国名，地名 ………36

2. 姓名	37
3. 親族名称	37
4. 職業，身分，地位，宗派，資格を表す名詞	38
5. 病気や症状，薬を表す名詞	38
3.1.8.3.5. 慣用的用法	40
1. 成句・対句	40
2. 熟語	40
3. 機能動詞構文中の名詞	41
3.1.8.3.6. 抽象名詞の場合	42
3.1.8.3.7. 物質名詞の場合	42
3.1.8.3.8. 格言	42
3.1.8.3.9. 特別なテクスト種（電報や新聞）	43
3.1.8.3.10. ザクセン2格(sächsischer Genitiv)	43
3.1.9. 否定表現と名詞―否定冠詞 kein	43
3.1.9.1. 不定冠詞を冠せた名詞の否定	44
3.1.9.2. 無冠詞を冠せた名詞の否定	44
3.1.9.2.1. kein が用いられる場合	44
3.1.9.2.2. nicht が用いられる場合	44
3.1.9.2.3. kein も nicht も用いられる場合	45
3.1.10. テクストによる具体例	45
3.1.10.1.	46
3.1.10.2.	46
3.1.10.3.	47
3.1.10.4.	48
3.1.10.5.	49
3.1.10.6.	49
3.1.10.7.	50
3.1.10.8.	51
3.1.10.9.	52
参考文献	54
語(句)の索引	55
事項の索引	56

目　次

3.2. 前置詞（Präposition） ………………………………………57

3.2.1. 前置詞という品詞 ………………………………………57
3.2.1.1. 前置詞と名詞の位置関係 ………………………………57
3.2.1.2. 前置詞の格支配 ………………………………………57
3.2.1.3. 前置詞と副詞，前綴り，接続詞 ………………………59
3.2.1.3.1. 副詞としての用法 ………………………………59
3.2.1.3.2. 前置詞と前綴り ……………………………………60
3.2.1.3.3. 接続詞としての用法 ……………………………60
3.2.2. 定冠詞との融合形と代名詞との結合形 …………………61
3.2.2.1. 定冠詞との融合形 ……………………………………61
3.2.2.2. da(r)＋前置詞 ………………………………………62
3.2.2.2.1. 原則から外れるケース …………………………63
3.2.2.2.2. hier＋前置詞 ……………………………………65
3.2.2.3. wo[r]-＋前置詞 ………………………………………65
3.2.2.3.1. 疑問代名詞 was と前置詞の結合形 ……………65
3.2.2.3.2. 関係代名詞と前置詞との結合形 …………………66
3.2.3. 前置詞句の用法と前置詞の意味 …………………………67
3.2.3.1. 副詞規定詞と目的語 …………………………………67
3.2.3.2. 具体的な意味と転用された意味 ……………………69
3.2.4. 主な前置詞 …………………………………………………71
3.2.4.1. 2格支配の前置詞 ……………………………………71
3.2.4.1.1. 主な前置詞 ………………………………………71
3.2.4.1.2. 造語法から見た分類 ……………………………72
3.2.4.1.3. 後置 ………………………………………………74
3.2.4.1.4. 2格と von …………………………………………75
3.2.4.1.5. 格標示 ……………………………………………75
3.2.4.1.6. 3格と結び付く例 …………………………………76
3.2.4.2. 3格支配 ………………………………………………76
3.2.4.2.1. 主な前置詞 ………………………………………76
3.2.4.2.2. その他の前置詞 …………………………………86
3.2.4.3. 4格支配 ………………………………………………87

3.2.4.3.1. 主な前置詞	87
3.2.4.3.2. その他の前置詞	95
3.2.4.4. 3・4格支配	95
3.2.4.4.1. 3格支配と4格支配の使い分け	95
3.2.4.4.2. 例外的な3格支配	97
3.2.4.4.3. 個々の前置詞	100
3.2.4.5. 空間関係を表す前置詞の使い分け	114

3.3. 格(Kasus) ……117

3.3.1. ドイツ語の四つの格	117
3.3.2. 格の標示	117
3.3.2.1. 概要	117
3.3.2.2. 名詞の格語尾の脱落	119
3.3.2.2.1. 2格の-[e]sの脱落	119
3.3.2.2.2. 男性弱変化名詞の語尾の脱落	119
3.3.2.2.3. 複数3格 -n の脱落	120
3.3.3. 格の用法	120
3.3.3.1. 1格	121
3.3.3.1.1. 主語 Subjekt	121
3.3.3.1.2. 述語内容詞 Prädikativum	123
3.3.3.1.3. 同格 Apposition	124
3.3.3.1.4. 呼びかけの1格 Anredenominativ	124
3.3.3.1.5. 独立的1格 absoluter Nominativ	125
3.3.3.1.6. 名指しの1格 Benennungsnominativ	125
3.3.3.2. 2格	126
3.3.3.2.1. 2格付加語 Genitivattribut	126
3.3.3.2.2. 動詞の2格目的語 Genitivobjekt	126
3.3.3.2.3. 形容詞の目的語 Objekt von Adjektiven	127
3.3.3.2.4. 述語内容詞 Prädikativum	128
3.3.3.2.5. 副詞規定詞 Adverbial	128
3.3.3.2.6. 同格 Apposition	129

目　次

3.3.3.2.7.　その他 …………………………………………………130
3.3.3.3.　　3格 …………………………………………………………130
3.3.3.3.1.　動詞の3格目的語 Dativobjekt ……………………130
3.3.3.3.2.　利害の3格 Dativ commodi/incommodi …………132
3.3.3.3.3.　所有の3格 Pertinenzdativ ………………………133
3.3.3.3.4.　基準の3格 Dativus iudicantis ……………………136
3.3.3.3.5.　関心の3格 Dativus ethicus………………………136
3.3.3.3.6.　形容詞の目的語 Objekt von Adjektiven ……………137
3.3.3.3.7.　同格 Apposition ………………………………138
3.3.3.3.8.　その他 …………………………………………138
3.3.3.4.　　4格 …………………………………………………………139
3.3.3.4.1.　動詞の4格目的語 Akkusativobjekt ………………139
3.3.3.4.2.　動詞の擬似目的語 Scheinobjekt ……………………140
3.3.3.4.3.　述語内容詞 Prädikativum ……………………143
3.3.3.4.4.　副詞規定詞 Adverbial ……………………………143
3.3.3.4.5.　形容詞の目的語 Objekt von Adjektiven ……………145
3.3.3.4.6.　同格 Apposition ………………………………145
3.3.3.4.7.　独立的4格 absoluter Akkusativ ……………………146
3.3.3.5.　　前置詞句 …………………………………………………146
3.3.3.5.1.　副詞規定詞 Adverbial ……………………………146
3.3.3.5.2.　動詞の前置詞格目的語 Präpositionalobjekt…………147
3.3.3.5.3.　形容詞の目的語 Objekt von Adjektiven ……………147
3.3.3.5.4.　付加語 Attribut ………………………………149
3.3.3.5.5.　述語内容詞 Prädikativum ……………………150
3.3.3.5.6.　その他 …………………………………………150
3.3.4.　　　格と意味 ………………………………………………151
3.3.4.1.　　主語の1格，目的語の4格，目的語・利害・所有の3格 ……151
3.3.4.1.1.　意味役割と格 ……………………………………152
3.3.4.1.2.　意味役割の交替―主語と4格目的語の意味的特性 …………153
3.3.4.1.3.　格の序列 ………………………………………156
3.3.4.1.4.　格の対立の例 ……………………………………158
3.3.4.2.　　2格付加語の意味 ………………………………………161

目　次

3.3.4.2.1.　所有者・使用者 …………………………………………161
3.3.4.2.2.　作者・製作者 ……………………………………………162
3.3.4.2.3.　作品・製作物 ……………………………………………162
3.3.4.2.4.　性質・特徴 ………………………………………………162
3.3.4.2.5.　性質・特徴の担い手 ……………………………………162
3.3.4.2.6.　全体 …………………………………………………………162
3.3.4.2.7.　素材・材料 ………………………………………………162
3.3.4.2.8.　その他 ………………………………………………………163
3.3.4.2.9.　主語 …………………………………………………………163
3.3.4.2.10.　目的語 ……………………………………………………163
3.3.4.2.11.　前置詞句による代用表現……………………………164

参考文献 …………………………………………………………………165
語の索引 …………………………………………………………………167
事項の索引 ………………………………………………………………170

3.1. 冠　　　詞（Artikel）

3.1.1. テクストにおける冠詞

　私たちは**情報伝達** Kommunikation を目的にして**テクスト** Text を作る．テクストには**口頭テクスト** mündlicher Text と**書記テクスト** schriftlicher Text があるけれども，情報伝達という目的から見れば，これは本質的な違いではない．情報伝達には**送り手** Sender と**受け手** Empfänger が関与している．テクストの話し手あるいは書き手はともに送り手であり，聞き手あるいは読み手はともに受け手である．

　あらゆる品詞はテクストを構成するために動員される．本書で扱う冠詞も品詞の一つであるから，当然，テクストを形成するのに使われる．この使われ方は情報伝達の観点から二つに分けられる．私たちはおとぎ話のテクストの冒頭で次のような**陳述** Äußerung に出会う．

　（1）　Es war einmal *ein* König.　（むかし王様がいました．）

ここで König に不定冠詞 ein が冠せられているのは，König が受け手にとって未知の情報であると送り手が認定したからである．するとこの陳述に使われた不定冠詞 ein のはたらきは，König が受け手にとって情報として**不特定** Unbestimmtheit であると，送り手が認定していることを受け手に知らせることである．König が受け手にとって不特定であるという送り手の認定はテクストに内在している要因ではなくて外在する要因であるから，この不定冠詞のはたらきはテクストに外在する要因に由来する．

　この陳述に，

　（2）　*Der* König besaß einen großen Wald.　（王様は大きな森を持っていました．）

という陳述が続いたとすると，今度は同一人物である König に定冠詞が冠せられる．この冠詞の交替も送り手の認定に関わっている．すなわち，陳述(1)において受け手に König を紹介した送り手は，König がいまは受け手にとっ

て特定の存在である Bestimmtheit と認定している．定冠詞 der のはたらきは，König が受け手にとって特定の存在であると送り手が認定していることを受け手に示すことである (Flämig 1991：474)．受け手もまたこの信号を受け止めて，König が自分にとって特定の存在であると送り手が考えていると了承しなければならない．König が受け手にとって特定の情報であるという送り手の認定はテクストに外在する要因であるから，この定冠詞のはたらきもまたテクストに外在する要因に由来する．

　ところが，（1）の不定冠詞 ein は同時に König が男性名詞の1格であることも示している．（2）の定冠詞 der についても同じである．König が男性名詞の1格であることは，テクストの外部には関わりのないテクストに内在する要因である．したがって，（1）の不定冠詞ならびに（2）の定冠詞のはたらきは，今度はテクストに内在する要因に関わっている．

　このように，冠詞にはテクストに内在する要因に関わるはたらきと，テクストに外在する要因に関わる二面がある．テクストに内在する要因は，言い換えれば，言語使用者の主観に関わらない客観的な要因であり，テクストに外在する要因は言語使用者の主観に関わる要因である．

3.1.2. 日本語話者と冠詞

　冠詞 Artikel（ラテン語の artus「関節，つなぎ」の縮小形 articulus より）という品詞を持たない日本語を第一言語とする私たちにとって，冠詞はなじみが薄い．そのためドイツ語に接するときも冠詞に対して注意を払わない．注意を払うとしたら，冠詞を能動的に使う場合である．読んだり聞いたりする際には，冠詞の意味をたとえ理解していなくても，読み，あるいは聞くことが完全に妨げられたりしないが，書いたり話したりしようとすると，冠詞選択をめぐる問題と否応なしに直面することになる．そこで本書は，具体例を挙げながら冠詞がもつ多様な用法を整理して，読者の冠詞についての理解を深め，冠詞選択の際の手助けになることを目指す．

3.1.3. 無冠詞という呼称

　定冠詞 bestimmter Artikel も**不定冠詞** unbestimmter Artikel もともに名

3.1. 冠　　詞

詞に冠せて用いられるので，定冠詞の用法あるいは不定冠詞の用法といえば，これらが名詞に冠せて用いられる場合を指すことになるが，そのほかに名詞に冠せて用いられるはずの定冠詞あるいは不定冠詞が省かれる場合を忘れてはならない．従来，学校文法では**冠詞の省略** Artikellosigkeit は，そこに本来はあるべき冠詞が省かれたという消極的で例外的な意味に使われ，冠詞の省略に込められた積極的な意味に注目することが少なかった．冠詞の省略には積極的な意味が込められていることを明示しようとして，「冠詞の省略」を**無冠詞**（Nullartikel：ゼロ冠詞とも訳する）と呼ぶ考え方がある．本章ではこの呼び方を使う．

3.1.4. 冠詞の由来

定冠詞 der は，語源的には**指示代名詞** Demonstrativpronomen（→ 2.3.5.）であった der が「その」という対象を指す本来の力を徐々に失い，それにつれて冠詞としてのはたらきを帯びてくることにより発達してきた．不定冠詞 ein も同様に，**数詞** Numerus の ein がその本来の意味「一つの」を徐々に失い，それに代わって冠詞としてのはたらきが発達してきた．H. Paul（⁵1975：144f.）によると，定冠詞としての der の用法は中世高地ドイツ語の頃には成立し，また不定冠詞としての ein の用法も定冠詞よりやや遅れてほぼ確立したようである（→ 2.1.3.1.）．

3.1.5. 冠詞の格変化

冠詞はテクストの内部で，名詞に冠せて用いられる．その場合に冠詞に何よりも期待されるはたらきは，冠詞が冠せられている名詞の**性** Genus・**数** Numerus・**格** Kasus を表示することである．同じはたらきは冠詞類として集約される諸品詞（指示冠詞，所有冠詞，否定冠詞）にも期待されているし，付加語形容詞にも期待されている．冠詞ならびに冠詞類と付加語形容詞が同一の名詞に冠せられている場合は，冠詞ならびに冠詞類に期待されているはたらきを，冠詞ならびに冠詞類と形容詞とで相補的に担う．

したがって，冠詞が冠せられている名詞の性・数・格を表示する任務は冠詞だけが専有的に果たしているとは言い切れないのであるが，にもかかわら

ず，冠詞の第一の任務は冠詞が冠せられている名詞の性・数・格を表示することであるのは疑いのない事実である．名詞の性・数・格は，いずれも文法上のカテゴリーであるから，名詞の性・数・格を表示するという冠詞の第一の任務とは，言い換えると**文法的なはたらき**にほかならない．

　上で見たように名詞の性・数・格を表示するという任務を冠詞の専有的なはたらきにとどめておかないで，冠詞以外の品詞にも分担させているということは，機能と手段が一対一で対応しているのではなくて，一対複数で対応していることを意味する．このような現象を**余剰** Redundanz という（*Metzlerlexikon Sprache*）．余剰はコミュニケーションが確実に行われているのを保障する意味で，言語のすべてのレベルに見出される．余剰は自然言語の特徴でもある．

　ところで，ドイツ語では男性名詞に冠せる冠詞，女性名詞に冠せる冠詞，中性名詞に冠せる冠詞，そして複数の名詞（例えば Eltern「両親」，Leute「人々」など）ないし複数形に変化した名詞（例えば Bücher「本（複数形）」）に冠せる冠詞がそれぞれ決まっている．そこで，冠詞は期待されているはたらきを果たすためには，あとは冠詞が冠せられている名詞の格さえ表示できればよい訳である．冠詞は格を表示するためにその外形を変える．この外形の変化を**格変化** Deklination という．

　以下，定冠詞の格変化・不定冠詞の格変化・無冠詞の格変化を示す．

3.1.5.1. 定冠詞の格変化

　各種定冠詞のそれぞれの変化は下の表のとおりである．男性名詞用の形と中性名詞用の形では2格と3格が同じである．また，女性名詞用と複数名詞用の格変化を比べると，1格，2格，4格が同じである．

〔表1〕

男性名詞用	中性名詞用	女性名詞用	複数名詞用
der	das	die	die
des	des	der	der
dem	dem	der	den
den	das	die	die

3.1. 冠　　詞

(用例)

	男性名詞の場合	中性名詞の場合	女性名詞の場合	複数名詞の場合
1格	der Mann	das Kind	die Frau	die Leute
2格	des Mann[e]s	des Kind[e]s	der Frau	der Leute
3格	dem Mann	dem Kind	der Frau	den Leuten
4格	den Mann	das Kind	die Frau	die Leute

3.1.5.2. 不定冠詞の格変化

　各種不定冠詞のそれぞれの格変化は下の表のとおりである．ただし，不定冠詞は本来「一つの」を意味するのであるから，複数名詞用はありえない．男性名詞用の格変化と中性名詞用の格変化では，4格だけ形が異なる．

〔表2〕

男性名詞用	中性名詞用	女性名詞用
ein	ein	eine
eines	eines	einer
einem	einem	einer
einen	ein	eine

(用例)

	男性名詞の場合	中性名詞の場合	女性名詞の場合
1格	ein Mann	ein Kind	eine Frau
2格	eines Mann[e]s	eines Kind[e]s	einer Frau
3格	einem Mann	einem Kind	einer Frau
4格	einen Mann	ein Kind	eine Frau

3.1.5.3. 無冠詞の格変化

3.1.3.で述べたとおり，名詞に冠せられる冠詞が省略された場合に，そのことに込められた積極的な意味を表すために「無冠詞」と呼ぶ．無冠詞はいわば姿が見えない冠詞である．それゆえ，名詞に冠せられる冠詞が省略された場合とは，姿が見えない冠詞（＝無冠詞）が名詞に冠せられている場合であると解釈しなければならない．

名詞に無冠詞を冠せるとは言葉の矛盾であるが，定冠詞・不定冠詞と並んで対等な地位を無冠詞に認め，定冠詞ならびに不定冠詞の格変化を示した以上，ここで無冠詞の格変化を表として示さざるを得ない．それは下のような表である．

なお，名詞に冠せられる冠詞が省略されたことに込められた積極的な意味が何であるかは，「3.1.8.3.無冠詞（Nullartikel）の用法」で説明する．

〔表3〕

男性名詞用	中性名詞用	女性名詞用	複数名詞用
ϕ	ϕ	ϕ	ϕ
ϕ	ϕ	ϕ	ϕ
ϕ	ϕ	ϕ	ϕ
ϕ	ϕ	ϕ	ϕ

（用例）

	男性名詞の場合	中性名詞の場合	女性名詞の場合	複数名詞の場合
1格	Wein	Bier	Milch	Getränke/Kinder
2格	Wein[e]s	Biers	Milch	Getränke/Kinder
3格	Wein	Bier	Milch	Getränken/Kindern
4格	Wein	Bier	Milch	Getränke/Kinder

上で見たように，定冠詞の格変化にも不定冠詞の格変化にも同形が含まれている．無冠詞は，その極端な場合であって，同形ばかりで成り立っている．

3.1. 冠　　詞

　無冠詞の場合のように極端でなくても，同形があればあいまいさが生じ，したがって冠詞は期待されるはたらきを完全には果たすことができない．例えば，eine Uhr が1格なのか4格なのかを見分けることはできない．仮にこれに付加語形容詞が加わって eine alte Uhr となったところで,やはり1格なのか4格なのか区別できない．先に紹介した余剰といえども，ここでは無力である．それにもかかわらず，実際には1格なのか4格なのかをどこまでも決めかねる場合はまずは起こらない．それは，**言語的文脈** sprachlicher Kontext や**場面的文脈** situationeller Kontext を手がかりとして，テクストの受け手である私たちが推論し判断するからである．

　冠詞のテクスト内でのはたらきについての説明は，以上のような次第で，冠詞の格変化の表を示すことで尽きるのであるが，テクスト内でのはたらきに関連して，補足的な事柄を下に述べる．

3.1.6.　テクストに内在する要因に関わる冠詞のはたらきの補足

3.1.6.1.　名詞化の目印

　名詞以外の品詞が名詞として使用される際には，中性名詞扱いされる．この場合，原則として定冠詞が冠せられる．
（3）　Er hat mir *das* Du angeboten.（彼は私に Du と呼ぶように提案した．）　（人称代名詞）
（4）　Der Arzt hat ihm *das* Rauchen verboten.　（医者は彼に喫煙を禁止した．）　（動詞の不定詞）
（5）　Bist du schon mit *dem* Kofferpacken fertig？（君はもう荷造りを終えたか？）　（不定句）
　また形容詞や現在分詞が名詞化される場合（→ 2.4.2.5.）は，この名詞の性は指示される対象によって決まる．また，定冠詞のみならず不定冠詞や無冠詞が冠せられる：der Kleine/ein Kleiner 小さな男の子，die Kleine/eine Kleine 小さな女の子，das Kleine/ein Kleines 赤ん坊，ささいなこと，etwas Kleines 何か小さいもの．
（6）　*Das* Alte geht, und *das* Neue kommt.（古きものは去り，新しき

ものが来る.)

(7) Ich habe viel Reizendes gesehen. (私は多くの魅力的なものを見た.)

3.1.6.2. 固有名詞と普通名詞を区別するはたらき

$\begin{cases} \text{Bordeaux} & （ボルドー〔フランス西南部の都市の名〕）\\ \text{der Bordeaux} & （ボルドーワイン〔ワインの名前〕） \end{cases}$

$\begin{cases} \text{Erika} & （エリカ〔女子名〕）\\ \text{die Erika} & （エリカ〔植物名〕） \end{cases}$

3.1.6.3. 姓に冠詞をつけて性別を明示するはたらき

　日常語において冠詞が固有名詞である姓名に冠せられることが増えてきている．姓の場合では，ファーストネーム，称号，Herr（～氏），Frau（～さん）などがついていないときにも冠詞が冠せられることがある（→ 3.1.8.1.2.）．とりわけ女性が姓だけで表されるときは，性別を示すために姓の前に女性を示す定冠詞がつくことがある．特に女優の姓は die Dietrich「ディートリッヒ」，die Lollobrigida「ロロブリジーダ」などのように定冠詞がつく（ヘンチェル/ヴァイト1994：216）．

(8) In Casablanca spielt *Bergmann/*die* Bergmann die weibliche Hauptrolle.　（『カサブランカ』では，バークマンが主演女優だ．)

3.1.6.4. 可算名詞と不可算名詞

　名詞に不定冠詞を冠せるか，それとも無冠詞を冠せるかという選択を迫られたとき，私たちは当該の名詞が**可算名詞** Computabilia であるのか**不可算名詞** Incomputabilia であるのかということを問題にする．例えば，ein Buch「1冊の本」，zwei Bücher「2冊の本」のような数えられる名詞は可算名詞あるいは有数名詞であり，そして Liebe「愛情」のような数えられない名詞は不可算名詞あるいは有量名詞である．

　この分類基準は一見したところ明快であるが，可算（有数）・不可算（有量）という区別と，「意味的基準」(Helbig/Buscha 1991：230) にもとづいた名詞

3.1. 冠　　詞

の分類とは別物である．名詞をまず，具象名詞と抽象名詞に分け，さらに具象名詞を，普通名詞，物質名詞，集合名詞および固有名詞に分けるが，名詞のこれらの区分と数の概念を関連させて考えるとき，たとえば Wasser（水）は物質名詞であるという理由で，不可算名詞に数えられる．

例：
- 具象名詞
  - 普通名詞　Buch　　　本　　　　　　　　　（可算名詞）
  - 物質名詞　Wasser　　水　　　　　　　　　（不可算名詞）
  - 集合名詞　Familie　 家族　　　　　　　　（可算名詞）
  - 固有名詞　Schmidt　 シュミット〔人名〕（不可算名詞）
- 抽象名詞　　　　　　Liebe　　 愛情　　　　　　　　（不可算名詞）

しかし，実際には同一の名詞であっても，文脈によって可算名詞としてあるいは不可算名詞として扱われる．下に同一名詞であっても意味の違いにより，異なって扱われる例を示した．例えば Zeit は，(9a) のように時間の流れの中の一区分としての「時代」の意味であれば可算名詞とみなされ，(9b) のように文脈をはなれて一般的に区切れのない「時間」の意味であれば不可算名詞として扱われる．つまり文脈次第では，抽象名詞，あるいは物質名詞，さらには固有名詞と見なされていても，可算名詞として扱われるのである．以下の (10a, b) (11a, b) の例も同様に，Feuer と Papier が可算名詞と不可算名詞に扱われる場合である．

(9a)　Andere *Zeiten*, andere Sitten.　（時代が変われば風習も変わる．）

(9b)　*Zeit* und Raum　（時間と空間．）

(10a)　Ein *Feuer* brach in der Stadt aus.　（町で火事があった．）

(10b)　*Feuer* — ein Element, das Gefahr und Faszination gleichzeitig bedeutet.　（火—危険と魅惑を同時に意味する要素．）

(11a)　Im Kofferraum des gepanzerten Mercedes fanden sich weitere falsche *Papiere*.　（装甲をほどこしたメルセデスのトランクルームのなかにまた別の偽造書類が見つかった．）

(11b)　*Papier* ist ein seit Jahrhunderten genutztes Kulturgut.　（紙は何世紀にもわたって利用されてきた文化財である．）

一般的には物質名詞と見なされていても，文脈次第では可算名詞として扱われたり，不可算名詞として扱われたりする例を挙げる．

(12)　Ich trinke gern Bier.　（私はビールが好きだ．）

(13)　Ich hätte gern *ein/zwei* Bier.　（ビールを1杯／2杯ください．）

(12)は冠詞のつかない例であるが，ここでは Bier を1杯，2杯といった単位でとらえておらず，形や大きさや境界のない物質としてとらえている．そのため不可算名詞扱いとなり，冠詞が不要である．しかし(13)はレストラン等で注文する単位としての Bier であり，そのため可算名詞扱いされている．同様の扱いを受ける名詞に Kaffee「コーヒー」，Wasser「水」，Kuchen「ケーキ」，Fisch「魚」などがある．これらの名詞の数を表すのに，液体の場合には ein (zwei) Glas([Gläser])〜「グラス1杯(2杯)の〜」，eine (zwei) Tasse(n)〜「カップ1杯(2杯)の〜」，固体の場合には ein (zwei) Stück([e])〜「1個(2個)の〜」などという単位が用いられることもある．また，補足であるが不可算名詞とみなされる名詞が複数形になると，違う意味を持つものがある．例えば，Wasser「水」は複数形で Wässer「香水」の意味になり，Luft「空気」は複数形で Lüfte「風，風通し」となる．

可算名詞と見なすか不可算名詞と見なすかという違いが，疑問文に対する肯定の答え方に現れる（→ 2.3.8.2.）．

(14)　Trinken Sie Cola？　　［Cola が不可算名詞扱いされる場合］
　　　　Ja, ich trinke *welche*.／Nein, ich trinke keine.

(15)　Trinken Sie *eine* Cola？　［Cola が可算名詞扱いされる場合］
　　　　Ja, ich trinke *eine*.／Nein, ich trinke keine.

固有名詞である姓名等でも複数形になる場合がある．(16)は同じ名前の人がたくさんいる場合である．「電話帳にはフリッツ・ミュラーという名前がいくつか載っている」の意味である．(17)では定冠詞がつき姓が複数扱いされ，「ブッデンブローク家（の人々，の一族）」の意となる（→ 3.1.8.1.2.）．

(16)　Im Fernsprechbuch stehen mehrere Fritz Müllers.

(17)　die Buddenbrook*s*

3.1.6.5.　単数形と複数形

名詞の可算・不可算という問題に関連して，名詞の単数・複数という問題についても言及しておく．一般には「単数は一つであり，複数は二つ以上」と考えられている．しかし，これは必ずしも十分に正確な説明ではない．数

3.1. 冠　　詞

詞につづく名詞と，度量衡についてはとりわけ注意が必要である．

　数詞に関していうと，基数が1以下でもつづく名詞が複数形であったり，基数が2以上でもつづく名詞が単数形である場合がある．基数が小数点以下の桁を持っている場合，最後の桁の数が1ならばつづく名詞は単数形，2から9までならばつづく名詞は複数形になる．　Million「百万」以上（Milliarde「十億」，Billion「兆」など）は名詞なので複数形があるが，hundert「100」，tausend「1 000」等は基数なので複数形はない．

```
    0,6 （＝null Komma sechs ）    Millionen    60万
    1   （＝eine ）                Million      100万
    1,7 （＝eins Komma sieben ）   Millionen    170万
    3,1 （＝drei Komma eine ）     Million      310万
```

　また，基数に度量衡の単位名がつくときは，原則として単位名は複数形にしない．

```
    ein Grad     1度        0,6 Grad         0.6度
    ein Gramm    1グラム    24,6 Kilogramm   24.6キログラム
    ein Pfund    1ポンド    6 Pfund          6ポンド
```

ただし，時の長さを表す単位には複数形が現れる．

```
    eine Stunde  1時間      vierundzwanzig Stunden   24時間
    ein Tag      1日        acht Tage                1週間（あしかけ8日の意）
    eine Woche   1週間      vier Wochen              4週間
    ein Monat    1ヵ月      zwölf Monate             12ヵ月
    ein Jahr     1年        zehn Jahre               10年
```

3.1.6.6.　名詞の格を表示するはたらきに関連して

　名詞の位置が原因となって生じる意味の混乱を避けるため，文中の名詞の格を明示するためだけに冠詞が用いられることがある．（→3.1.8.1.3.）

　(18)　*Dem* Peter gab Inge das Buch.　（ペーターにインゲが本をあげた．）

3.1.7. 名詞の指示対象の表し方に関するはたらき

3.1.7.1. 個称と総称

　ある類の中の個の成員について述べることを個称と呼び，ある類の個々の成員ではなく類全体を表す場合を総称と呼ぶ．言い換えると，総称とは個々の指示対象を問題とせずに，類を類として成立させている概念をまとめて表すことである．

(19)　*Der* Japaner wohnt in Tokio.　（その日本人は東京に住んでいる．）
(20)　*Der* Japaner ist ein berüchtigter Nachahmer.　（日本人は評判の良くない模倣者である．）　（関口1979：3）

　(19)の der Japaner のように，個々の成員である特定の一人の日本人について述べるのが個称であり，(20)の der Japaner のように，日本人全体を表すのが総称である．ある名詞（Japaner）が，個称として用いられているのか総称として用いられているのかは，言語的文脈と場面的文脈のどちらか，あるいは双方によって判断できる．

　(20)では単数名詞に定冠詞を冠せることで総称が表されているが，ドイツ語で総称を示す方法はあわせて三通りある．

　　a)　定冠詞＋単数形の名詞
　　b)　定冠詞＋複数形の名詞
　　c)　不定冠詞＋単数形の名詞および無冠詞＋複数形

　a)の定冠詞に単数名詞がくる場合(20)と b)の定冠詞に複数名詞がくる場合(21)の総称表現の違いについて，関口（1979：3）は「単数で表現すると多少理屈っぽくなり，物の本質を論ずるとか，厳密な定義を下すとか，深い哲理を立てるとか，とにかく"いかにも真理を口にする"といわんばかりの調子」になる．複数で表現すると「同じ一般真理であるにしても，"本質を定義している"ようには聞こえないで，むしろ"一般にそうした現象がある"というふうに受け取れ」る，と述べている．つまり「（なかには個々の例外があっても）大体において…はすべて」の意を表している．

(21)　*Die* Japaner sind berüchtigte Nachahmer.　（日本人は評判の良くない模倣者である．）　（関口1979：3）

3.1. 冠　　詞

　c)の不定冠詞に単数名詞がくる(22)および無冠詞に複数形がくる(23)はともに総称を表す．しかし，一般的に通用する真理ないし真理に準じるテーゼを述べる場合は，a)あるいは b)の形式が標準的である．

　(22)　*Ein* Auto ist ein Verkehrsmittel.　（自動車は交通手段である．）
　(23)　Auto*s* sind Verkehrsmittel.

　物質名詞や抽象名詞のような不可算名詞を用いた文で，一般的な主張や真理を述べる場合，(24)のように無冠詞が冠せられることもあるし，(25) der Kaffee のように定冠詞をつけることもある（関口1979：4）．

　(24)　Kaffee ist ein Gift.　（コーヒーは毒物である．）
　(25)　*Der* Kaffee ist ein Gift.

3.1.7.2.　ふたたび特定／不特定ということ

　冠詞が冠せられる名詞が特定の存在を表しているので定冠詞が適当であり，冠詞が冠せられる名詞が不特定の存在を表しているので不特定が適当である，と考えられたり説明されたりすることがあるが，このような理解や説明は誤解を生む恐れがある．特定の存在を表している名詞に不定冠詞が冠せられる場合があることを例で示そう．

　(26)　Ich schenke Renate zum Geburtstag *ein* Buch.

　(26)が発せられる場面は二通りに解釈できる．すなわち，一つの解釈は，「私」にはすでに目当ての本が一冊あり（例えば，すでに買ってある），それをレナーテにプレゼントする場面である．この場合, Buch は送り手にとって特定の存在である．けれども, (26)の送り手 ich は受け手がその本について何も知らない，つまり Buch は受け手にとって未知の情報であることを送り手は認識しているので，Buch に不定冠詞を冠している．もう一つの解釈は，「私」にはまだ目当ての本がなく（例えば，まだ買っていない），これから適当な本を探そうとする場面である．この場合，送り手は Buch が自身にとってのみならず受け手にとっても，当然，情報として未知の存在であることを認識しており，Buch に不定冠詞を冠している．

　このように，対象が送り手によって特定の存在であると認識されている場合であっても，受け手にとって情報として不特定であると送り手が認定すれば，対象を表す名詞には不定冠詞が冠せられる．冠詞の選択に決定的なのは

— 13 —

受け手の情報に関する既知／未知の程度についての送り手の判断なのである．したがって特定／不特定というカテゴリーを冠詞の使い方の決め手にすることはできない．このことは，私たちが安易に特定の存在には定冠詞，不特定の存在には不定冠詞という図式を描いて納得しないための警告である．

3.1.7.3. 識別可能／識別不可能ということ

　特定／不特定ということと並んでよく言われるのは識別可能／識別不可能という区別である．特定／不特定という認定が送り手の判断に基づいて決定されたように，識別可能／識別不可能という認定もまた送り手の判断に基づいて決定される．
　識別可能／識別不可能について(27a)(27b)をもとに説明しよう．
(27a)　Thomas bewacht *den* Tresor.　（トーマスはその金庫の番をする．）　　　　　　　　（識別可能）
(27b)　Thomas bewacht *einen* Tresor.　（トーマスは金庫の番をする．）
　　　　　　　　　　　　（識別不可能）

　(27a)では，送り手（書き手を排除しないために送り手という．以下同じ）は受け手（読み手を排除しないために受け手という．以下同じ）が，コンテクストや既知の情報からどの金庫のことか分かるはずだ（識別可能）と判断して，Tresor に定冠詞を冠せている．(27b)では，送り手は受け手が，どの金庫が問題なのか分からないだろう（識別不可能）と判断して，Tresor に不定冠詞を冠せている．識別可能／識別不可能という対立は，受け手にとって対象が識別可能だと送り手が判断するか，それとも識別不可能だと判断するかによって解消される．
　ここで特定／不特定と識別可能／識別不可能の二つのカテゴリーを組み合わせて，冠詞の用法と関係づけて考察しよう．理論的には四つの場合が考えられる．

A. 送り手の判断：受け手にとって対象は識別可能，なおかつ場面からも特定できる．
B. 送り手の判断：受け手にとって対象は識別可能，しかし場面からは特定できない．

3.1. 冠　　詞

C. 送り手の判断：受け手にとって対象は識別不可能，しかし場面的には特定できる．
D. 送り手の判断：受け手にとって対象は識別不可能，なおかつ場面的にも特定できない．

　Aの例として(28a)，Bの例として(28b)を挙げる．トイレがどこにあるのかを尋ねるとき，二つの例文にはどのような違いがあるか．
(28a)　Wo ist *die* Toilette?　（トイレはどこですか？）
(28b)　Wo ist *eine* Toilette?
　Aの状況は，例えばレストランで，ある客が給仕にトイレの場所を尋ねる場合である．尋ねられた給仕は知っていて当然だと送り手である客は考える．つまり，このトイレは識別可能なものである．また，レストランの内でトイレと問えば，レストランのトイレしか指さないので，特定なものである．そこでAの場合は，(28a)のように定冠詞が用いられる．
　一方Bの状況は，例えば空港などの広い場所で，乗客がカウンター係にトイレの場所を尋ねるときである．カウンター係は職業柄いくつものトイレの場所を十分に把握しているだろう（識別可能）と送り手である乗客は認定している．しかし乗客は，とにかくどれでもいいから（不特定）トイレの場所を一ヶ所教えてもらえさえすればよい．このようなBの場合には(28b)のように不定冠詞を用いる．
　次にCの状況は，例えば叔父を訪ねるという明日の予定を誰かに話す場面である．この(29)の場合，受け手にとって明日訪問を受けるその叔父は誰かわからない（識別不可）と，送り手である「私」は認定している．しかし送り手である「私」は，特定の叔父を念頭において話している．このようなCの場合には不定冠詞を用いる．
(29)　Ich besuche morgen *einen* Onkel in Berlin.　（明日ベルリンの叔父を訪ねます．）
　最後にDの状況は，例えば不案内な旅先などでお腹が空いたときに，通りすがりの人にレストランを紹介してもらう場面である．つまり(30)とは，旅行者にとってはおいしいレストランであればどれでも良い（不特定）のだが，受け手である通りすがりの人もおいしいレストランを知っているかどうか分からない(識別不可)，と送り手である旅行者が認定している場合である．こ

のDの場合でも不定冠詞を用いる．

 (30) Kennen Sie *ein* gutes Restaurant in der Nähe?（この近くでおいしいレストランをご存知ですか？）

CとDの例から，受け手が識別できない場合には，特定／不特定に関係なく不定冠詞が使われることが分かる．

 冠詞の用例を調べていくと，平素何気なく使っているのに，突き詰めて考えると使い方が理解できない事例に出会う．例えば(31)で，コンテクストによってStadtならびにLandの指し示す具体的な場所が示されていない場合，StadtとLandは受け手にとって具体的対象を指さない識別不可能な不特定の存在であるはずである．しかし，送り手はStadtならびにLandに定冠詞を冠せており，不定冠詞を冠していないのは理屈にあわないと言わねばならない．

 (31) Ich habe einen Onkel in Japan. Der Onkel hat früher in *der* Stadt gewohnt, aber er wohnt jetzt auf *dem* Land.（私には日本に叔父がいる．その叔父は，以前は都会に住んでいたが，今は田舎に住んでいる．）

この例は，識別可能／識別不可能のカテゴリーや，特定／不特定というカテゴリーだけでは説明がつかない用法が存在していることを意味している．以下でこの(31)の用例も含め，各冠詞の基本的用法を見ていく．

3.1.8.　定冠詞，不定冠詞，無冠詞の用法

 冒頭3.1.1.で冠詞のはたらきを，テクストに内在する要因にかかわるはたらきと，テクストに外在する要因にかかわるはたらきに分けた．テクストに外在する要因とは送り手の認知のことであった．すなわち冠詞は，冠詞が冠せられている名詞が表す存在が受け手にとって特定であるか，不特定であるかという送り手の認知を示すはたらきをしていた．それゆえ，テクストに外在する要因に関わる冠詞のはたらきとは，つまるところ送り手の認知，すなわち送り手の主観の表れなのであるが，通例，主観の表れとは言わないで「冠詞の用法」と呼んでいる．本章で「冠詞の用法」というときは，送り手の認知，すなわち送り手の主観の表れという意味である．

 送り手の認知は，冠詞が冠せられている名詞が表す存在が受け手にとって

3.1. 冠　　詞

特定であるか不特定であるかという点だけに限られる訳ではない．一方，無冠詞は送り手の認知とどのように関わっているのだろうか．以下，定冠詞の用法，不定冠詞の用法，無冠詞の用法に分けて解説する．

3.1.8.1. 定冠詞（Bestimmter Artikel）の用法

ここでは，定冠詞の用法を「指示力なき指示詞としての用法」，「通念を表す用法」，「形式的定冠詞の用法」の三つに分類して，それぞれについて概観する．なお，以下で述べる説明はそれ自体で完結しているけれども，いっそう詳しく知りたい読者は関口（[11]1991）を参照してほしい．

【定冠詞の主な用法】
①指示力なき指示詞としての用法　　　　「その…」
②通念を表す用法　　　　　　　　　　　「そもそも…というもの」
③形式的定冠詞の用法　　　　　　　　　「―」　　（関口[11]1991）

3.1.8.1.1. 指示力なき指示詞としての用法

この定冠詞の用法は，何らかの意味において"規定"を伴うものである．その規定には1.対象を表す名詞に直ぐに接して，その前後に置かれる規定と，2.形としては規定のようではないが，意味関係から対象を表す名詞を規定しているものがある．この定冠詞の日本語訳は「その…」が相当するが，指示詞と異なる点は「指示詞は何らかのものを"指す"が，定冠詞は何らかのものを"受ける"」（関口[11]1991：Ⅰ-33）という点である．

1．テクスト等のコンテクストから規定される場合

現実のどの対象物を指示するのかが言語的コンテクストによって規定される場合，名詞には定冠詞を冠せる．例えば，名詞がどの対象を指し示しているのかが先行する言及から明らかであったり(32)，2格名詞の付加語によって規定されていたり(33)，あるいは関係文によって規定されていたり(34)するからである．(35)はすでに Buch が導入された以上，ふつう Buch には Vorwort がつきものだという意味で，導入済みの概念として Vorwort に定冠詞 das が冠せられている（関口[20]1991：32）．

　(32)　Dort steht *ein* Haus. *Das* Haus gehört meinem Freund.　（あそ

こに家が建っている．その家は私の友人のものだ．)
(33) Das ist *der* Sohn meines Lehrers. （あれが私の先生の息子さんだ．)
(34) *Das* Geld, das Hans ihm geliehen hat, ist schon aufgebraucht. （ハンスが彼に貸したお金は，もう使い果たされている．)
(35) Wer ein Buch gründlich studieren will, liest zuerst *das* Vorwort. （一冊の書物を根本的に研究しようと思う者は先ず「その」序言を読む．)

しかし(33)のように2格の付加語で限定されたり，(34)のように関係文で限定されたりする場合，必ず定冠詞を冠せるわけではない．(36)のように不定冠詞の場合もあり得る．Gebäude は，確かに後ろの関係文によって修飾されているが，しかし限定されている訳ではない．この Gebäude は，不定冠詞が冠せられ，紹介されているに過ぎない(→ 3.1.8.2.2.)．冠詞の選択はあくまでも対象に関する送り手の認定で決まる．

(36) Eine Mietswohnung ist *ein* Gebäude, dessen Zimmer vermietet werden. （アパートとは部屋が賃貸される建物である．)

2．発話状況により規定される場合

名詞の指示対象がこの世界に一つだけしかないという訳ではないが，送り手も受け手も発話が行われる同じ地域あるいは同じ集団に属しているという状況により規定される場合，当該の名詞には定冠詞が冠せられる．(37)は，この村の教会が燃えている発話状況としか受け取られない場合である (Helbig/Bushca [14]1991：371)．

(37) Ein Mann kommt in eine Dorfgaststätte und ruft: „*Die* Kirche brennt." （ひとりの男性が村の飲食店に入ってきて，「教会が燃えている」と叫ぶ．)

3．名詞が序数や最上級などで規定される場合

序数がつくと，*der* erste, *der* zweite, *der* dritte「一番目の，二番目の，三番目の」などのように原則として定冠詞がつく．順序づけられた場合，その番号に該当する対象は一つしか存在しないと，ふつう考えられるからである：例 Ludwig I.（＝Ludwig *der* Erste）ルートヴィッヒI世，*der* dritte Stock 3階（日本の4階にあたる），*am* 11.（＝a*m* elften) Februar 1960 1960年2月11日，*das* 21. Jh.（＝*das* einundzwanzigste Jahrhundert) 21世

3.1. 冠　　詞

紀，Berlin, *den* 8.（＝achten）September 2003（手紙で）2003年9月8日，ベルリンにてなど．

　しかし序数があれば自動的に定冠詞になるという訳ではない．重要なのは特定されるかどうかである．つまり(38)の「二番目の子」とは，ある特定の二番目の子を指しているのではなく，どこの家庭の二番目の子であってもいいのだから不定冠詞が冠せられている．

　(38)　*Ein* zweites Kind ist oft leichter zu erziehen.（二番目の子というのは，往々にして育てやすいものだ．）

　同様に特定できないという理由から，現在まだ現実ではないが，しかし将来可能性があると考えられる事柄を表す名詞には，序数がついても不定冠詞を冠せる（→ 3.1.8.2.4.）．

　(39)　*Der* zweite Weltkrieg ist im Jahr 1945 beendet. *Einen* dritten Weltkrieg darf es niemals geben.（第二次世界大戦は1945年に終わった．第三次世界大戦は決してあってはならない．）

つぎに最上級の形容詞に定冠詞がつくのは，その形容詞の表す性格に関して，指示対象がふつうは一つしか存在しないと考えられることが多いためである．

　(40)　Das war *der* schönste Tag in ihrem Leben.（それは彼女の人生の中で最良の日であった．）

しかし，名詞が絶対最上級の熟語の一部として用いられる場合は，最上級が付加されても定冠詞を冠せない．

　(41)　Er ging in höchster Eile.（彼は非常に急いで行った．）

また，次のような個体指示の意味の形容詞が付加される場合も，定冠詞が必要になる．

　　個別指示的な形容詞：betreffend（当該の），gegenwärtig（現在の），
　　　　　　　　　　　　obengesagt（上記の），folgend（続く）など
　　日時を表す形容詞：heutig（今日の），gestrig（昨日の）など
　　方向を表す形容詞：recht（右の），link（左の）など．

　(42)　Klicken Sie hier, um Informationen zu *der betreffenden* Person zu erhalten.（ここをクリックしてください，当該の人物に関する情報が得られます．）

これらの形容詞は個体指示機能が極めて高いので，そのためにかえって定冠

詞が省略されることもある．

(43) Der Staatspräsident hat gestern bei dem Kongress *folgenden* Vortrag gehalten. （大統領は昨日議会において次のごとき演説を行った．）（有田1992：71）

3.1.8.1.2. 通念を表す用法

　いきなり一語だけ独立して口にしても，改めて説明するまでもなく冠詞が冠せられる名詞がそれ自身で，送り手にも受け手にも既知なものと前提してもよい場合，この場合の定冠詞の用法が通念を表す用法である．この場合，日本語の訳をあてるとすればおよそ「そもそも…というもの」という訳が当てはまるであろう．

　例えば(44)の Arzt は通念を表している．今まで酒を飲んでいた男が，急に飲まなくなって，友人にその訳を聞かれた際にこの陳述を発する場合である．この際，医者とは特定の医者を指すのではなく，改めて説明するまでもなく，日本語でただ普通に「医者」という場合に使われるものに対応するものである(関口 [11]1991：Ⅰ-399ff.)．

(44) *Der* Arzt hat es mir verboten. （医者にいけないと言われた．）（関口 [11]1991：Ⅰ-399）

　何かを定義する際の「主語＋sein＋述語1格」（〜は〜だ）という定義文の主語に冠せられる定冠詞もこの用法に当てはまる．この用法は，ある部類に含まれるすべての人・事物にあてはまることを示す場合(概念指示)に用いられる．例えば(45)(46)の Mensch は「人間一般」「そもそも人間というもの」を意味し，人間という概念を指している．この文型では，主語となる名詞は下位概念にあたり，述語1格となる名詞は上位概念である．述語1格には不定冠詞が冠せられ(→ 3.1.8.2.1.)，主語には定冠詞を冠せる．

(45) *Der* Mensch ist ein Säugetier. （人間は哺乳動物である．）

(46) *Der* Mensch ist ein Sklave des Computers？ Das darf und wird nicht sein. （人間がコンピューターの奴隷だって？ 奴隷であってはならないし，奴隷にはならないだろう．）

1．一つしか存在しないために規定される場合

　名詞の指示対象がこの世界に一つしか存在せず，初めからどの対象を指しているのかが分かっている場合，名詞には定冠詞を冠せる：例 *die* Sonne 太

3.1. 冠　詞

陽，*die* Erde 地球，*der* Mond 月，*der* Nordpol 北極，*der* Südpol 南極，*der* Äquator 赤道，*die* Menschheit 人類，*die* Weltbevölkerung 世界の人口など．

(47) *Die* Erde dreht sich um *die* Sonne. （地球は太陽の周りを回っている．）

しかし，惑星系の中心となる一つの星という意味ならば，Sonne にも不定冠詞が冠せられる（Flämig 1991：119）．

A．国名，地名

国名や地名は固有名詞であり，ふつう中性名詞とされ無冠詞で用いられる（→ 3.1.8.3.3.）．しかし，男性名詞と女性名詞，複数形の国名には定冠詞がつく．

男性の国名：*der* Iran イラン，*der* Irak イラクなど
女性の国名：*die* Schweiz スイス，*die* Türkei トルコなど
複数形の国名：*die* Niederlande（複数形 (pl.)）オランダ，*die* USA (pl.) アメリカ合衆国，*die* Philippinen (pl.) フィリピンなど

(48) Doch was den wirtschaftlichen, politischen und kulturellen Einfluss angeht, sind *die* USA die führende Nation der Welt. （なんといっても経済的，政治的そして文化的影響に関しては，アメリカ合衆国は世界の中で指導的な位置を占める国家である．）

無冠詞で用いられる国名や地名でも，付加語がつくと冠詞が冠せられる：例 *das* unruhige Äthiopien　騒然としたエチオピア，*das* wiederaufgebaute Stuttgart 復興されたシュトゥットガルトなど．

通りや広場の名前には，*die* Mozartstraße「モーツアルト通り」，*der* Marienplatz「マリーエン広場」のように原則としては定冠詞がつくが，手紙の宛名を書く際には (49) のように無冠詞を冠せる．

(49)　An Herrn Albert Lettmeyer　　クロイツ通り11番
　　　　Kreuzstraße 11　　　　　　アルベルト・レットマイヤー様

B．山地，海，河川名

山地，海，河川にも定冠詞がつく．

　　die Alpen (pl.)　　アルプス，　　*der* Harz　　　ハルツ，
　　das Erzgebirge　　エルツ山地，　*der* Brocken　ブロッケン，
　　der Atlantik　　　大西洋，　　　*die* Ostsee　　バルト海，

das Mittelmeer　　地中海，　　*der* Bodensee　　ボーデン湖，
　　　der Rhein　　　　ライン河，　　*die* Donau　　　ドナウ河，
　　　die Elbe　　　　　エルベ河，　　*die* Wolga　　　ヴォルガ河など

山地，海，河川名のまえに前置詞が立つ場合には，*am* Rhein「ライン河畔に」，*am* Mittelmeer「地中海沿岸に」のように融合形を用いる．

(50)　Wie oft sind Sie mit dem Zug schon *am* Rhein vorbeigefahren？
　　　（あなたは何度，列車でライン川沿いを通り過ぎましたか？）

C．姓名，職業名など

姓名はふつう無冠詞を冠せて用いる（→ 3.1.8.3.3.）．しかし姓名にも冠詞が冠せられることがある．その場合は新たな情報がつけ加わり，特別な意味やニュアンスになる．

ファーストネーム Vorname に定冠詞が冠せられると，送り手がその人物に対して抱いている「親近性」が表現される（Grimm ²1989：32）．

(51)　Was sagt denn *die* Monika dazu？（モニカはそれについていったい何て言っているの．）（Grimm ²1989：32）

(52)　Das hier ist unsere Küche. Die benutzen wir alle gemeinsam. Und normalerweise ist es hier auch sauber, aber *der* Horst hat noch nicht abgespült. （ここがキッチン．ここはみんな共同で使うの．普段はここもきれいにしてあるのだけど，うちのホルストがまだ食器をあらってないの．）（NHK ラジオドイツ語講座 Frei. 22.08.2003）

姓 Familienname も通常は無冠詞である．姓に定冠詞が冠せられると，（はっきりとした）よそよそしさが表される（Grimm ²1989：33）．

(53)　Was geht dich denn *der* Meier an？（あのマイヤーはいったいお前とは何か関係があるのか？）

また，特に有名な人（芸術家など）の場合には定冠詞が冠せられた姓も用いられる（*Grammatik der deutschen Sprache* 1997：Ⅲ-1933）．

(54)　*Die* Callas sang diese Arie intensiver. （カラスはこのアリアをとても気持ちを込めて歌った．）

姓に定冠詞が冠せられ，複数形になっている場合は家族名や一族名を表す．

(55)　*Die* Buddenbrooks waren ein bekanntes Lübecker Kaufmannsgeschlecht. （ブッテンブローク家はリューベックの有名な商家であった．）

3.1. 冠　　詞

(56)　*Die* Ottonen haben so manche Schlacht geschlagen. （オットー一族はずいぶん沢山の戦闘を行った。）

姓(名)に定冠詞が冠せられる他の例として，形容詞などの付加語があったり，職業名や肩書きがあったりする場合：例 *der* junge Goethe 若きゲーテ，*der* Komponist Carl Orff 作曲家カルル・オルフ。しかし Professor や Dr. のような肩書きには定冠詞はつかない：例 Doktor Braun ブラウン博士，Direktor Müller ミュラー所長など。

なお姓名の扱いについては，標準語か方言かによってかなりの違いが見られる。南ドイツや，中部ドイツの一部の日常会話では，ファーストネーム(呼びかける場合は別にして)に定冠詞をつける：例 *der* Willi, *die* Gisela. オーストリアでは時々ファーストネームに，定冠詞とさらに Frau (まれに)/Fräulein/Herr がつけて用いられる：例 *das* Fräulein Franziska, *der* Herr Karl. 南ドイツでは，定冠詞に2格の-sをつけた姓と，さらにファーストネームをつけたものが頻繁に用いられる (*Grammatik der deutschen Sprache* 1997：Ⅲ-1932f.)。

(57)　*Der* Gnädigers Ernst ist ein begeisterter Winterbergsteiger. （グネーディガー・エルンストは熱狂的な冬山好きである。）

D．建造物名

建造物のなかには，(58)のように定冠詞が冠せられるものがある。これらの建築物は，送り手が受け手も自分と同じ知識を共有しているため対象が一つに特定されると判断して定冠詞が冠せられる。以下の名詞も同じ：例 *der* Wiener Prater プラーター，*der* Dresdner Zwinger ツヴィンガー宮殿，*der* Kölner Dom ケルン大聖堂，*die* Semperoper ゼンパー歌劇場，*das* Brandenburger Tor ブランデンブルク門，*die* Berliner Mauer ベルリンの壁など。

(58)　*Der* Kölner Dom ist mit 157 Metern Höhe von den Kathedralen die höchste in Deutschland. （ケルンの大聖堂は，157メートルの高さでもって，ドイツのカテドラルのうちの最高のものである。）

しかし習慣上，Buchenwald「ブーヘンヴァルト(Buchenwaldにある強制収容所の意味で)」のように無冠詞のものもある(有田1992：73)。

E．会社名，組織名

会社名や組織名にも定冠詞がつくものがある。これも送り手が，受け手が知識を共有していて一つしか存在しないと感じると認定するため，定冠詞が

冠せられるのであろう：例 *die* Commerzbank コメルツバンク，*der* Verlag Enzyklopädie エンツィクロペディー出版社，*die* Berliner Philharmonie ベルリンフィルハーモニー，*die* UNO 国際連合など．

(59) *Die* UNO ist — wie *die* EU — entstanden aus dem Willen der Siegermächte, das Heft wieder in ihre Hände zu kriegen, um Zukunft zu sichern. （国際連合は，EUと同様に，未来を安全なものとするために，再び支配権を手に入れるという戦勝国の意思から成立した．）

しかし，無冠詞のものもある．これらは冠詞が必要とされないほど固有名詞化されていると感じられるためであろう：例 Mercedes-Benz メルセデス・ベンツ，BMW ビー・エム・ダブリュウ（ベー・エム・ヴェー），Bertelsmann ベルテルスマン，McDonald's マクドナルドなど．

(60) Am Sonntag esse ich gern bei McDonald's. （日曜日は，私はマクドナルドで食事をするのが好きだ．）

F．新聞名や雑誌名

新聞名はたいていの場合，定冠詞を冠せる．しかし1格で使われると，外国語の新聞名，およびまれにドイツ語の新聞名が無冠詞になることがある．

(61) Er hat *das* „Neue Deutschland" von heute gelesen. （彼は今日のノイエス・ドイチュラント紙を読んだ．）

(62) „World" kündigte eine neue Artikelserie an. （ワールド紙は新しい連載を始めた．）

(63) „Neues Deutschland" berichtete von dieser Konferenz. （ノイエス・ドイチュラント紙はこの会議について報道した．）

雑誌の表紙のタイトルについては，定冠詞が冠せられるものと無冠詞が冠せられるものがある．無冠詞のタイトルの場合は，(65)のように die Zeitschrift のような説明が加わることが多い：例 *Die* Bunte ブンテ，*der* Stern シュテルン，*der* Spiegel シュピーゲル；Hör zu ヘーア・ツー，Schöner Wohnen シェーナー・ヴォーネンなど．

(64) Er hat den Stern abonniert. （彼は『シュテルン』を予約購読した．）

(65) Meine Mutter liest immer die Zeitschrift *Essen & Trinken*. （私の母は雑誌の『エッセン＆トリンケン』をいつも読んでいる．）

3.1. 冠　詞

G．有名な工業製品の商標や型式

よく知られている工業製品の商標や型式は定冠詞が用いられる：例 *der* Volkswagen フォルクスワーゲン（自動車），*der* Mercedes-Benz メルセデス＝ベンツ（自動車），*der* Honda ホンダ（自動車），*der* Mazda マツダ（自動車），*die* Kawasaki カワサキ（バイク）など。自動車は男性名詞の Wagen からの類推で，男性名詞の定冠詞が冠せられ，バイクは女性名詞の Maschine からの類推で，女性名詞の定冠詞が冠せられる。

(66)　… gerade für Fahranfänger ist *der* Honda zu empfehlen. （まさに運転初心者には，ホンダがお勧めだ。）

(67)　Er hat im Februar 2002 *die* Honda Fireblade SC 50 gekauft. （彼は2002年の2月にホンダのバイク，ファイアーブレード SC 50を買った。）

2．時間名詞（四季，月，曜日，昼・夜）

四季名，月名，曜日名，昼・夜のような時間名詞には，原則として定冠詞をつける。

(68)　*Der* Frühling ist da. （春が来た。）

(69)　Die Schule beginnt *im* September. （学校は9月に始まる。）

4格の時間を表す副詞的用法として使われた時間表現は，付加語形容詞がつくと定冠詞の代わりに無冠詞を用いることができる。また曜日の場合には形容詞がなくとも，無冠詞を冠せることができる（Helbig/Bushca [14]1991：370）。

(70)　Der Kurs beginnt *nächstes Frühjahr*. （講座は来春から始まる。）

(71)　Die Feier findet *Dienstag Abend* statt. （お祭りは火曜の夕方に行われる。）

ただし，Es ist … /Es wird … の構文で四季，月，曜日，昼・夜をいう名詞には無冠詞が用いられる。

(72)　Es ist Frühling. （春が来た。）

(73)　Es wird Abend. （晩になる。）

3．手段を表す用法

乗り物や道具等の手段を表す場合には定冠詞が用いられる。

(74)　Ich fahre mit *dem* Auto. （私は自動車で行く。）

(75)　Ich schreibe mit *der* Feder. （私はペンで書く。）

4．身体，身体の一部，着衣，着衣の一部などを表す用法

身体，身体の一部，着衣，着衣の一部などを表す場合，それが「誰の」であるか明らかであれば，所有冠詞ではなく定冠詞をつける．

(76) Er reicht mir *die* Hand. （彼は私に手を差し出す．）

(77) Was hast du in *der* Tasche.（君はポケットに何を持っているの．）

とりたてて「誰の」を表すときであっても，所有冠詞や2格の名詞を用いず，いわゆる「所有の3格」を用い，身体部位を表す名詞には定冠詞を冠せる（→ 3.3.3.3.3.）．

(78) Ich wasche mir *das* Gesicht.　（私は〔私の〕顔を洗う．）

(79) Monika kämmt sich *die* Haare.　（モニカは髪を梳かす．）

5．抽象名詞の場合

複数形のない抽象名詞には，(80)のように原則として定冠詞をつける：例 *die* Liebe 愛, *die* Treue 忠実さ, *das* Christentum キリスト教, *die* Gerechtigkeit 正義, *die* Göttin der Weisheit 叡知の女神など．

(80) Er kämpft für *die* Gerechtigkeit.　（彼は正義のために戦う．）

しかし，付加語などがつき特殊な性質を帯びている場合には不定冠詞をつける（→ 3.1.8.2.3.）．また量を表す不可算名詞として用いられる場合は無冠詞が冠せられる（→ 3.1.8.3.7.）．

(81) Gibt es *eine* „absolute Gerechtigkeit"?　（「絶対的な正義」とは存在するのか？）

(82) Der Wille Gottes ist Friede und Gerechtigkeit.　（神が望むものは平和と正義である．）

6．物質名詞の場合

(83)の Geld のように現存の一定量が問題になる場合には，物質名詞に定冠詞がつくことがある．

(83) Weihnachten — das ist auch bloß da, um den Leuten *das* Geld aus den Taschen zu locken.　（クリスマス—クリスマスなんてものは結局なんだかんだうまいことを云っても世間の人間に金を使わせるためのものだ．）　（関口 [11]1991：Ⅰ-515）

3.1.8.1.3.　形式的定冠詞

形式的定冠詞の用法とは，「定冠詞がその本来の機能を失ってしかも消滅せ

3.1. 冠　　詞

ず，せいぜい格を示す機能（示格機能）をもつに過ぎない」(有田 1992：89) ときの用法である．従って，この場合の定冠詞は識別可能／識別不可能，特定／不特定の観点からは説明が困難である．この形式的定冠詞は，「その…」や「そもそも…というもの」で訳すことができないし，そもそもこの用法では冠詞を訳に表すことはできない．

1. 格の明示

定冠詞自体に特に限定的な意味はなくても，格の明示のために定冠詞が用いられる．

(84) Zinn ist *dem* Zink ähnlich. （錫（スズ）は亜鉛に似ている．）

(85) Er zieht Kaffee *dem* Tee vor. （彼は紅茶よりコーヒーが好きだ．）

Zinn と Zink は物質名詞の不可算名詞なので，本来無冠詞を冠せるべきだが，無冠詞ではどちらが1格なのかを明示できない．そこで3格の Zink に冠詞がつけられ格を明示している．同様に Kaffee と Tee の場合，vorziehen が3格と4格を支配するため，格を明示する必要上 Tee には定冠詞が冠せられている．結果として，無冠詞を冠せられた Kaffee が4格であると推定される．

また(86)のように2格を支配する bedürfen が述語に使われると，抽象名詞であっても2格であることを明示するために，目的語に定冠詞が冠せられる．

(86) Der Patient bedarf *der* Ruhe. （その患者には休息が必要だ．）

2. 慣用的用法

定冠詞が本来の機能を失い形式化している用法は，熟語・成句や**機能動詞構文** Funktionsverbgefüge 等でよく見られる．

A. 熟語・成句

使用頻度の高い熟語や成句で，形式的定冠詞が慣用的に用いられることがある．なお，前置詞との融合形（→2.2.1.）がつづり字の習慣として許されるかぎり，形式的定冠詞では必ず融合形を用いる（有田1992：90）．

Ⅰ. 熟語

zur Schule gehen　　学校へ行く
der Fall sein　　　　事実である
die Erlaubnis geben　許可を与える
von ～ *die* Rede sein　…が問題であるなど

(87) War davon *die* Rede? Ich habe es anders verstanden. （そうい

う話だったのか？私は違うふうに解釈していた．）
II．前置詞句

auf *dem* Land(e)	田舎で	um *die* Wette	競い合って
in der Tat	本当に	*im* Durchschnitt	平均して
im Ernst	まじめに	*zum* Beispiel	例えばなど

(88) Nach OECD-Daten wurde lediglich in Frankreich und in Großbritannien zwischen 1985 und 1998 *im Durchschnitt* um gut 15 Prozent beziehungsweise um circa 30 Prozent günstiger als in Deutschland gebaut.（経済協力開発機構［OECD］のデータによると，1985年から1998年の間に，フランスと英国だけでも，平均して15％からおよそ30％もドイツより安く家を建てている．）

III．複合前置詞

im Gegensatz zu ... 　〜と違って
im Hinblick auf ... 　〜を考慮して
im Vergleich mit ... 　〜とくらべて
im Verhältnis zu ... 　〜と比べてなど

(89) Das Buch ist sehr gut recherchiert. *Im Gegensatz zu* vielen anderen Publikationen wird die Angelei nicht nur am Rande erwähnt, sondern hier steht sie im Mittelpunkt.（その本は非常によく調査されている．他の多くの出版物とは違い，この発表物では魚釣りのことが，ほんのついでに述べられるのではなくて，中心に据えてある．）

IV．成句的に前置詞と名詞化した不定詞が結びつく用法

beim Essen 食事の際に，*am* Kochen 料理に関してなど

(90) *Beim Essen* fernsehen macht dick. Wer abnehmen will oder schlank bleiben möchte, sollte *beim Essen* besser nicht fernsehen oder Radio hören.（テレビを見ながら食事をすると太ります．やせたい人，あるいはスマートでいたい人は，食事の際にはテレビを見るのをやめるか，ラジオを聞くかするのが良いでしょう．）

B．機能動詞構文中の名詞

本動詞としての語彙的意味をほとんど失い，文の定動詞になりうるという文法的機能しか果たさない機能動詞と結びついた，4格目的語の名詞や前置

詞格目的語の名詞に，定冠詞を冠せる場合がある．この定冠詞は，限定的な意味を持たない形式的定冠詞である：例 *zur* Entscheidung kommen 決定されるに至る，etwas *zum* Ausdrucken bringen 言葉に表す，etwas *zum* Schluss bringen 〜に結末をつける，etwas *zur* Sprache bringen 〜を話題にする，*zum* Ausdruck kommen 現れるなど．

(91) Der Lehrer brachte die Angelegenheit *zur* Sprache. （その教師はその事件を話題にした．）

機能動詞構文は成句となっているため，通常，成句中の定冠詞を不定冠詞もしくは不定冠詞以外の冠詞類に置き換えることはできない(92a)．また機能動詞構文に定冠詞が前置詞とともに用いられていると，前置詞との融合形になるのが通例である(92b)．(Helbig/Buscha [14]1991：99)

(92a) *Die Lehrer brachte die Angelegenheit *zu einer* Sprache.

(92b) *Die Lehrer brachte die Angelegenheit *zu der* Sprache.

3．比率単位を示す

「…あたり」「…につき」を表す名詞には定冠詞を冠せる．ただし単位を表す名詞の前に pro や je が用いられると，定冠詞ではなくて無冠詞を冠せる．

(93) Die Zwiebeln kosten 0.5 Euro das Kilo (pro/je Kilo). （そのたまねぎは1キロ0.5ユーロだ．）

(94) Wir sind 110 Kilometer die Stunde (pro/je Stunde) gefahren. （私たちは時速110キロで走った．）

3.1.8.2. 不定冠詞（Unbestimmter Artikel）の用法

さきに識別可能／識別不可能，特定／不特定ということを考えた際に述べたように，言及される対象が，受け手にとって識別不可能であると送り手が認定する場合，対象を表す名詞には不定冠詞を冠せる．ただし，その対象が特定な場合もあれば不特定な場合もある．逆に，対象が受け手にとって識別可能であると送り手が認定していても，対象そのものは不特定である場合もある．以上のことを踏まえて，ここでは不定冠詞の用法を，「個別差を表す用法」，「不定性を表す用法」，「質を強調する用法」，「仮構性の含みを表す用法」の四つに分類して，それぞれについて概観する．なお不定冠詞は，元来「一つの」意味であるので(→ 3.1.4.)，数えることのできる対象物についてのみ

用い，単数の名詞には冠せるが，複数名詞には冠せない．また関口([11]1991)は，不定冠詞の用法を「個別差の含み」，「不定性の含み」，「質の含み」，「仮構性の含み」と分類している．用語に関するさらなる詳細については関口([11]1991)を参照していただきたい．

【不定冠詞の主な用法】
①個別差を表す用法　　　　「一つの…」
②不定性を表す用法　　　　「或る…」
③質を強調する用法　　　　「ある種の…」
④仮構性の含みを表す用法　「何等かの…」

3.1.8.2.1. 個別差を表す用法

　名詞が表す対象が特定であるにもかかわらず，受け手には識別不可能な存在であると送り手が判断するとき，名詞には不定冠詞が冠せられる．すなわち「一つの…」の日本語訳が相当し，可算名詞ないし可算と考えられる名詞の単数形にのみ冠せられる．

(95) Ich habe *ein* Kind. (私には子どもが一人います．)

(96) *Ein* Sonnenuntergang am Meer ist ein großes Erlebnis. (海の日没はすばらしい体験だ．)

(97) Das Ulmer Münster hat *eine* Höhe von 161.6 m. (ウルム大聖堂は161.6 mの高さがある．)

また(98)は，部類全体の一例を提示しているというニュアンスをもっている．つまりここで言われている「犬」は「哺乳動物のうちの一つ」の意で，犬が哺乳動物に「所属している」ことが，この用法により示される．この文は定義文でもある(→ 3.1.8.1.2.)．

(98) Der Hund ist ein Säugetier. (犬は哺乳動物である．)

さらに「一つの…」の意から転じて「同一の…」の意味になることがある．

(99) Wir leben unter *einem* Dach. (我々は一つ屋根の下に暮らしている．)

(100) Wir sind *einer* Meinung. (私たちは同じ意見だ．)

(101)(102)は，数詞 ein が形容詞的付加語として用いられている例である．形容詞的付加語の用法の数詞 ein は，不定冠詞と同一の格変化をするが，常にア

クセントが置かれる．
　　(101)　In *einer* Nacht drei Unfälle！　（一晩に三件の事故！）
　　(102)　Ich habe nur *eine* Bitte．　（私にはたった一つのお願いしかない．）

3.1.8.2.2.　不定性を表す用法

　名詞にこの用法の不定冠詞が冠せられていると，名詞が表す対象は，受け手にとって識別不可能であり，かつ不特定である．不特定とは，「あえて特定しない／できない」という意味で，日本語訳としては「或る…」が当てはまることが多い．たとえば発話に初めて登場する人物・事柄のような対象が単数ならば，不定冠詞を冠せるのは当然であるが(103a)，複数(103b)あるいは不可算(104)ならば無冠詞（→3.1.8.3.1.と3.1.8.3.2.）を冠せる．
　　(103a)　Das ist eine Tulpe．　［可算名詞の単数］　（これはチューリップです．）
　　(103b)　Das sind Tulpen．　［可算名詞の複数］　（これらはチューリップです．）
　　(104)　Das ist Weißbier．　［不可算名詞］　（これは白ビールです．）
　この用法の代表例は，人を紹介・導入する場合である（関口[11]1991：Ⅲ-164 ff.，有田 1992：50）．例えば日本語の「彼はわたしの（男）友達です」に当たるドイツ語の発話は三通り考えられる．(105a)(105b)(105c)はいずれも人を紹介する際に使われるが，女性がこれらの文を用いると，それぞれニュアンスが異なってくる．mein が用いられる(105a)は，女性にとって親密な関係にある男友達，いわゆる"ボーイフレンド"や"彼氏"を指す．しかし，(105b)ではそういった親密な関係なしで，単なる男友達として紹介するに適当な表現である．また(105c)は，その男友達が大勢いるなかの一人であることを示唆することになる．
　　(105a)　Er ist mein Freund．　（彼は私の〔男〕友達です．）
　　(105b)　Er ist ein Freund von mir．
　　(105c)　Er ist einer meiner Freunde．

3.1.8.2.3.　質を強調する用法

　日本語の訳を当てるとすれば「ある種の…」になる．対象の質を強調する

この用法は，名詞の指示対象が人間であっても事物であっても当てはめることができる。(106)のように普通名詞にもつくが，以下で述べるように本来冠詞がつかない人名や地名，抽象名詞などにもこの用法の不定冠詞を冠せることがある。

 (106) Das ist *eine* Frage des Geschmacks. （それは好みの問題だ。）

1．姓名，職業名など

 職業，身分などを言い立てる用法での名詞が sein, werden, bleiben を用いた構文において述語になると，名詞には無冠詞を冠せる（→ 3.1.8.3.3.）。しかし，職業そのものよりも「人柄，人物，つまりどんな人かということ」が問題になる場合には，(107)(108)のように質を強調するため不定冠詞が用いられる。

 (107) Sie ist *eine* ausgezeichnete Pianistin.（彼女はすばらしいピアニストです。） (vgl. Sie ist Pianistin. 彼女はピアニストです。)
 (108) Er ist *ein* tüchtiger Lehrer.（彼は有能な先生です。）
   (vgl. Er ist Lehrer. 彼は先生です。)

また，質を強調する不定冠詞を人名に冠せると「…のような人」の意味になる。

 (109) Er ist *ein* Goethe.（彼はゲーテのような大詩人だ。）

(110)は，「君」は医者が本来の職業ではないが，医者の心得があり，その職業を持つ人の特性を顕著に表す人を表す場合に用いられる。(111)も形容詞の付加語がはいっているが，同様の用法である。

 (110) Du bist *ein* Arzt.（君はなかなかの医者だね。）
   (vgl. Du bist Arzt. 君は医者です。)
 (111) Er ist manchmal *ein* richtiger Schauspieler.（彼はときどき本当の役者みたいになる。）

なお，不定冠詞の有無によって表される両者の違いは，als と wie の違いに通じる（→ 3.1.8.3.3.）。

 (112) Er spricht als Fachmann.［資格］（彼は専門家としての立場から話している。）
 (113) Er spricht wie *ein* Fachmann.［個人・個物のたとえ］（彼は〔あたかも〕専門家のように話している。）

2．抽象名詞，物質名詞の場合

 抽象名詞や物質名詞も質が強調される場合には，不定冠詞が冠せられる。

(114) Er hat *ein* gutes Gedächtnis.　（彼は記憶力が良い．）
(115) Das ist *eine* Kälte.　（とてつもない寒さだ．）
(116) Das ist ja *eine* Überraschung！　（これは思いがけない嬉しいことだ．）
(117) Das riecht ja hier dunst'g！Das ist *'ne Luft*！　（ここはなんだかムッとしている．いやな空気だ．）（Johannes Schlaf : *Meister Oelze*）

3.1.8.2.4. 仮構性の含みを表す用法

　仮構性とは「何等かの…」の意である．特定／不特定と識別可能／識別不可能というカテゴリーを当てはめると，受け手にとって識別不可能で不特定な対象であると送り手が認定した対象を表す名詞には不定冠詞が冠せられる．不定冠詞が表すこの仮構性の含みについて，有田（1992：57f.）は，次の四つの視点を挙げている．A.「仮定の含み」(118)，B.「一般命題の含み」（文意全体が一般的な命題に相当する場合(119)），C.「未定の含み」（実現するかどうか明らかに今後に関わる場合(120)），D.「否定の含み」（本来否定されるべき対象であるが，文構造上はいったん ein を伴ってもち出される場合(121)）．

A.
(118) *Eine Erkältung* faßte er immer als schwere Krankheit auf.
　　　（風邪を引くと，彼はいつもそれを重病だとおもった．）
　　　　　　　　　　　　　　　　　　　　　　　　　　（有田 1992：57）
B.
(119) *Eine scharfe Kritik* führt fast immer zu einem Zwiespalt.
　　　（辛辣な批評は，たいてい仲違いのもとになる．）（有田 1992：57）
C.
(120) *Eine erfolgreiche Durchführung* des Wettbewerbs erfordert die Mitarbeit aller.　（競技会を成功させるためには全員の協力が必要だ．）
D.
(121) *Einen dritten Weltkrieg* darf es niemals geben.　（第3次世界大戦などというものは決してあってはならない．）（Grimm 1987：110）

3.1.8.3. 無冠詞(Nullartikel)の用法

　無冠詞が名詞に冠せられるのは，およそ次の四つの場合である．すなわち，①「不定冠詞の不定性を表す用法に相当する用法」，②「不特定多数を表す複数形に冠せる」，③「当該の"語"を際だたせる用法」，④「名詞とともに熟語を構成する用法」である．このうち①「不定冠詞の不定性を表す用法に相当する用法」②「不特定多数を表す複数形」に関しては，言及される対象が受け手にとって識別不可能であると送り手が認定することが決め手になる．ただし，その対象が特定な場合もあれば不特定な場合もある．逆に，対象が受け手にとって識別可能であると送り手が認定していても，対象そのものは不特定である場合もある．しかし③「当該の"語"を際だたせる用法」と④「名詞とともに熟語を構成する用法」は，識別可能／識別不可能のカテゴリーや，特定／不特定というカテゴリーだけでは説明がつかない．

> 【無冠詞の主な用法】
> ①不定冠詞の不定性を表す用法に相当する用法
> ②不特定多数を表す複数形に冠せる
> ③当該の"語"を際だたせる用法
> ④名詞とともに熟語を構成する用法

3.1.8.3.1. 不定冠詞の不定性を表す用法に相当する用法

　不可算名詞には無冠詞を冠せる．したがって送り手が物質の不定量を指していると見なす名詞などは，無冠詞を冠せて用いられる．つまり，この無冠詞は可算名詞の場合，(124)のように不定性を表す不定冠詞にあたる(→ 3.1.8.2.2.)．

(122) Das ist *Milchkaffee*. （これはミルクコーヒーです．）　［不可算名詞の場合］

(123) Zum Bau eines Hauses braucht man *Zement* und *Sand*. （家を建てるには，セメントと砂が必要だ．）　［不可算名詞の場合］

(124) Das ist *ein* deutsch-japanisches Wörterbuch. （これは独和辞書です．）　［可算名詞の場合］

3.1. 冠　　詞

3.1.8.3.2. 不特定多数を表す複数形に冠せる場合
　複数名詞の表す対象が「いかほどかの数の」「若干の」(einige〜)の意を伴い，そのうえ受け手にとって識別不可能な概念であると送り手が認定する場合，複数名詞には無冠詞が冠せられる．
　(125)　Wohnen in diesem Viertel *Deutsche*?　（この地区にはドイツ人は住んでいますか？）
　(126)　Sicher schenkt er ihr zum Geburtstag *Bücher*.　（きっと彼は彼女の誕生日に（何冊かの）本を贈るだろう．）

3.1.8.3.3. "語"そのものを際だたせる用法
　この用法は，話し言葉においても書き言葉においても用いられる．どちらの場合も名詞に無冠詞を冠せることによって"語"として際立たせ，その名詞を強調したり，名詞の表す対象に受け手の注意を払わせたりするために使われる．文章による表現と同じような効果がある．
（1）呼びかけ（古典語のVokativ「呼格」に相当）
　　　Doktor!　　先生！　　Papa!　パパ！　Direktor!　部長！
　　　Chef!　　　チーフ！　Herr!　主よ！　Professor!　先生！
（2）要求
　　　Wasser!　　　　水をくれ！　Geld!　　　　　　金を出せ！
　　　Platz!　　　　　どけ！　　　Zigarette!　　　タバコをくれ！
　　　Schluss damit!　もう沢山！　Fahrkarte bitte!　乗車券拝見！
（3）伝達
　　　Regen!　雨だ！　　　Polizei!　　　警察だ！　Sieg!　勝ったぞ！
　　　Post!　　郵便です！　Luftangriff!　空爆だ！　Mord!　人殺し！
（4）表示　書かれるものを一括して「表示」と称することにする．
　　（i）掲示
　　　Bus　　　　　　バス停　　　　Lebensgefahr　危険
　　　Nichtraucher　禁煙車　　　　Gleis 3　　　　3番線
　　　Kasse　　　　　会計［窓口］　Taxi　　　　　 タクシー
　　（ii）看板
　　　Post　　　　　郵便局　　　　Bäckerei　　　パン屋
　　　Apotheke　　　薬局　　　　　Imbiss　　　　軽食

冠詞・前置詞・格

Buchhandlung	書店	Kaufhaus	デパート

(iii) レッテル

Salz	食塩	Brennstoff	可燃物
Alkohol	アルコール	Sauerstoff	酸素
Schlafmittel	睡眠薬	Salpetersäure	硝酸

(iv) 書名，記載，見出し，等

Chemie	化学	Naturgeschichte	博物学
Drucksache	印刷物	Hotelausweis	宿泊証明書
Großbrand	大火あり	Verkehrsunfall	交通事故

（5）以上は単数形を挙げたが，単独使用には複数名詞もある．

Hände hoch！	手を挙げろ！	Männer	男子用
Schließfächer	コインロッカー	Fahrkarten	乗車券〔発売窓口〕
Toiletten	トイレ	Spirituosen	酒類
Leserbriefe	投稿欄	Blumen	花屋

(有田 1992：8f.)

　以上のどの例をみても，そこでは名詞が「むき出し」になっている．それは，情報伝達の観点から一言で用が足り，話が通じるからである(関口 1979：2，有田 1992：10)．

3.1.8.3.4. 固有名詞

1．国名，地名

　ほとんどの国名，地名は中性名詞であり，通常，無冠詞を冠せて用いられる：例 Japan 日本, Deutschland ドイツ, Frankreich フランス, Osaka 大阪, München ミュンヘン, Paris パリなど．

　(127)　Der Zug kommt aus *Prag*．（その列車はプラハ発だ．）

　しかし一部のものには冠詞が冠せられたり，本来，冠詞のつかない国名や地名であっても，付加語形容詞などの付加語的な規定を伴ったりすると，定冠詞を冠せる（→ 3.1.8.1.2.）．

　(128)　Die Ferienwohnung liegt direkt im historischen Viertel vom alten *Prag*．．．．Preiswerte Ferienwohnung im historischen Zentrum von *Prag*．Die Wohnung befindet sich in einem historischen Haus im Jugendstil gegenüber der St.Peterskirche．（〔住宅広告〕その休

3.1. 冠　　詞

暇用住宅は，かつてのプラハの面影を残す歴史的地区にあります…．プラハの歴史的中心地にあるお買い得な休暇用住宅．この住宅があるのは，ペーター教会の向かいにあるユーゲントシュティールの歴史的な建物の中です．)

2．姓名

親しくない間柄の大人同士の場合には，姓の前に Herr/Frau/(現在では廃れたが，未婚の女性に対する) Fräulein がつけられ，姓そのものにはふつう無冠詞を冠せて用いる．

(129)　Herr *Schmidt* ist Inhaber eines großen Antiquitätenladens.（シュミット氏は大きなアンティーク・ショップのオーナーだ．)

(130)　Frau *Mischberger*, füllen Sie bitte dieses Formuller aus！（ミッシュベルガーさん，どうぞこの用紙に書き込んでください．)

未成年や親しい大人の間では，Herr／Frau／(現在では廃れた未婚の女性に対する)Fräulein という敬称が省略され，男女の区別なく，ファーストネーム＋姓の組み合わせに，無冠詞を冠せて使われる(Engel 1998：532)．

(131)　*Gerlinde Roßbach* soll mal reinkommen.（ゲルリンデ・ロスバッハがそのうち加わるそうだ．)

(132)　*Klaus Wienand*, willst du das mal erklären？（クラウス・ヴィーナント，そのことを一度説明してくれないか．)

また男性間だけで，無冠詞を冠せた姓だけを用いて人を指すことがある．ただし(133)のように呼びかけに使えば，その男性を軽視することになる．したがって，送り手が社会的な身分上の差別をしていることが露呈する．女性間では，ふつう無冠詞を冠せた姓だけで人を指すことはない．(Engel 1988：532)．

(133)　*Wienand*, zeigen Sie uns das doch nochmal！（ヴィーナント，それをもう一度私たちに見せなさいよ！)

なお方言では，姓やファーストネームに定冠詞が冠せて用いられることがある（→ 3.1.8.1.2.)．

3．親族名称

家族内では Vater や Mutter などは，ほとんど固有名詞と同じように意識されるため，無冠詞が冠せられることがある．

(134)　*Mutter* ist nicht da.（お母さんは留守です．)

2格であることを表す必要がある場合は，女性名詞でも -s がつく．

(135) *Tantes* Kleid gefiel uns allen. （私たちはみんなおばの服が気に入った．）

(136) Morgen ist *Mutters* Geburtstag. （明日はお母さんの誕生日だ．）

また極端に口語的な場合，3格と4格であることを定冠詞を冠せて表すかわりに名詞に -n をつけて表すことがある．

(137) Er hat *Vatern* Bescheid gesagt. （彼はお父さんにはっきりと意見を言った．）

しかし，大人が改まった口調で他の人にむかって家族を話題とする場合には (138) のようにいう．

(138) *Meine Mutter* ist nicht da. （母は不在です．）

4．職業，身分，地位，宗派，資格を表す名詞

職業，身分，地位，宗派，資格を言い立てる構文で，述語1格の名詞が sein, werden, bleiben とともに用いられる場合，名詞は無冠詞が冠せられる．

(139) Ich werde *Arzt*. （私は医者になる．）
　　　Er bleibt *Buddhist*. （彼は依然として仏教徒だ．）
　　　Ich bin *Erbe* meines Vaters. （私は私の父の相続人である．）

職業，身分，地位，宗派，資格を言い立てる名詞が als「…として」に続く場合も，無冠詞を冠せて用いる（→ 3.1.8.2.3.）．

(140) Er spricht als *Fachmann*. （彼は専門家としての立場から話している．）

しかし，職業，身分，地位，宗派，資格を言い立てる場合以外は，als のあとに続く名詞に，無冠詞を冠せることもあるし，不定冠詞を冠せることもある．

(141) Man bezeichnet sie als *Pedantin/eine Pedantin*. （彼女は小うるさい人だと言われている．）

(142) Ich sage dir das als *Freund/ein Freund*. （私は，君に友だちとしてこのことを言おう．）

5．病気や症状，薬を表す名詞

病気を表す多くの名詞は，通常固有名詞のように感じられて無冠詞を冠せて用いられる：例 Appendicitis 虫垂炎，Asthma 喘息，Krebs 癌，Diabetes 糖尿病，Tuberkulose 結核，Cholera コレラ，AIDS (Acquired Immuno-

3.1. 冠　　詞

Deficiency Syndrome/Erworbenes Immundefekt-Syndrom) エイズ（後天性免疫不全症候群），SARS(Severe Acute Respiratory Syndrome/schweres akutes Lungenversagen) サーズ（重症急性呼吸器症候群），BSE (Bovine Spongiforme Encephalopathie) 牛海綿状脳症（狂牛病）など．

(143)　Die britischen Behörden erklärten am 20. März 1996, dass ein Zusammenhang zwischen *BSE* und der neuen Variante der Creutzfeldt-Jakob-Krankheit nicht ausgeschlossen werden könne.　(1996年3月20日のイギリス当局の説明によると，BSEと新種のクロイツフェルト・ヤコブ病との関連は除外できないということだ．)

病名でも Pest「ペスト」は通常，定冠詞を冠せて用いるが，Grippe「インフルエンザ」，Schnupfen「鼻かぜ」のような病名では，(145a,b,c)のように無冠詞を冠せる場合のほか，定冠詞あるいは不定冠詞を冠せる場合がある．

(144)　Er hat *die* Pest.　(彼はペストにかかっている．)

(145a)　Überall wird gehustet und geschnieft. Woran erkenne ich, ob ich *Grippe* oder Schnupfen habe?　(いたるところで咳をしたり鼻をかんだりしている．自分がインフルエンザにかかっているか，あるいは鼻かぜを引いているのかを何で見きわめるか？)

(145b)　„Ich habe *die* Grippe". Diesen Ausdruck hört man in der kalten Jahreszeit regelmäßig.　(「インフルエンザにかかっている．」こんな言葉を寒い季節にはいつも耳にします．)

(145c)　*Eine* Grippe darf nicht mit einer einfachen Erkältungskrankheit verwechselt werden.　(インフルエンザを，単なる風邪と混同してはいけない．)

しかし，Störung「障害」，Anfall「発作」，Krampf「麻痺」，Entzündung「炎症」，Wunde「傷」，Schmerz「疼痛」等は一般概念として数え上げられるので可算名詞として扱われ，単数形には不定冠詞を冠せて用い，複数形には無冠詞を冠せて用いる．

(146)　Er starb bald an *einer* Entzündung dieser Wunde.　(彼はまもなくその傷の炎症がもとで死んだ．)

(147)　Von Jugend auf hatte er öfters heftige *Kopfschmerzen*.　(彼は若い頃からしばしば激しい頭痛にみまわれていた．)

また薬名はほとんどが無冠詞である．錠剤で，複数錠飲む場合は数詞をつけ

る：例 Aspirin アスピリン，Dorothrizin ドロスリチン（のどの痛みや炎症をおさえる薬）．

(148) Nehmen Sie bitte einfach zwei Aspirin！（とにかくアスピリンを2錠飲みなさい．）

3.1.8.3.5. 慣用的用法

　名詞が熟語や成句の構成要素となると，名詞に無冠詞が冠せられる．3.1.8.3.4.の用法で，名詞を"語"として際立たせる目的で名詞に無冠詞が冠せられたのとは正反対に，ここでは名詞が慣用的な表現を構成する一要素にすぎなくなり，名詞としての自立したはたらきをもっていないことを表そうとして，名詞に無冠詞を冠せるのである．

１．成句・対句

　同一語や二語が対立した対句では名詞に無冠詞が冠せられることが多い：例 Hand in Hand 手に手を取って，いっしょに，Stück um Stück 一個一個，Schritt um Schritt 一歩一歩，von Tür zu Tür 一軒一軒，Wort für Wort 一語一語，von Haus zu Haus 家から家へ，von Zeit zu Zeit ときどき，Himmel und Erde 天と地，Vater und Sohn 父と子など．

(149) *Vater und Sohn* reisen 1996 von Singapore über Sumatra und Malaysia nach Bangkok. Mit Rucksack, aber ohne Auto！（父と子は1996年にシンガポールからスマトラ，マレーシア経由でバンコクへ旅行する．リュックサックをかついで，車には乗らずに．）

　前置詞格の名詞が，状況・状態・仕方を表す場合，無冠詞を冠せることが多い：例 an Hand von ... 〜に基づいて，auf eigene Kosten 自己負担（私費）で，bei offenem Fenster 窓を開け放して，in Bezug auf ... 〜に関して，in Hinsicht auf ... 〜を考えて，in Ruhe 落ちついて，unter freiem Himmel 天井で／野外で，von Wichtigkeit 重要な，von Natur 生来，vor Angst 不安のあまりに，zu Fuß 歩いてなど．

(150) Er steht unter freiem *Himmel*. （彼は露天の下にいる．）

(151) Er liest bei offenem *Fenster*. （彼は窓を開け放って読書している．）

２．熟語

　動詞句を用いた熟語表現で，動詞との密接な関係をもつ名詞の多くは独立

3.1. 冠　　詞

した名詞としての性格を失うため，無冠詞を冠せて使われることが多い：例 von jm. Abschied nehmen 〜に別れを告げる，von ... Abstand halten 〜と距離を置く，Auto fahren 車を運転する，Buch führen 帳簿をつける，Geburtstag haben 誕生日を迎える，Platz nehmen 席につく，Radio hören ラジオを聴く，Zeitung lesen 新聞を読むなど．

(152) Chemiker nehmen *Abschied* vom Elfenbeinturm. （化学者たちは象牙の塔に別れを告げる．）

3．機能動詞構文中の名詞

機能動詞と結びつく4格の名詞には無冠詞を冠せることが多い：例 jm. Hilfe leisten 〜を助ける，sich³ Mühe geben 骨をおる，Protokoll führen 記録をつける，für ... Vorsorge treffen 〜に備えるなど．

(153) Wir geben uns *Mühe*, diesen Zustand zu verbessern. （この状況を改善するために，私たちは努力します．）

機能動詞構文中の前置詞格の名詞にも，また無冠詞を冠せて用いる：例 etwas in Anspruch nehmen 〜を要求する，etwas zu Ende führen 〜を最後までやり遂げる，etwas in Frage stellen 〜を疑問視する，etwas in Ordnung bringen 〜を整理するなど．

(154) Einen Prozess gegen Siemens konnte Weber aus finanziellen Gründen nicht zu Ende führen. （ジーメンスに対する訴訟をヴェーバーは経済的な理由から，最後までやり遂げることができなかった．）

機能動詞構文で使われる4格名詞ならびに前置詞格の名詞に定冠詞を冠して用いることがある（→ 3.1.8.1.3.）．

(155) Die Menschen sehen das von Ihnen, was Sie *zum Ausdruck* bringen, d.h.: In welcher Art kommunizieren Sie? Sprechen Sie durch die Wahl Ihrer Worte eine konstruktiv positive oder eine eher destruktive Sprache? （人間というものは，あなたが言葉で表現したもので，あなたを判断します．つまり，どんなふうにあなたがコミュニケーションをとっているのか？あなたは言葉を選んで，建設的に前向きに話をしているか，それともどちらかというと後ろ向きに話をしているのか？）

3.1.8.3.6. 抽象名詞の場合

抽象名詞には通常定冠詞を冠せる（→ 3.1.8.1.2.）。抽象名詞には，通例 (156a) のように，定冠詞を冠せて用いるが，抽象名詞が，「いかほどかの」という分量のニュアンスをともなえば，(156b) のように不可算名詞であると考えられるので無冠詞を冠せる。

(156a)　Ich verliere *die Geduld*.　（私は堪忍袋の緒が切れる。）

(156b)　Ich habe *Geduld*.　（私は辛抱強い。）

(156b) の Geduld は「何ほどかの辛抱強さ」という量のニュアンスを帯び，(156a) の die Geduld はそのようなニュアンスを伴わない抽象名詞として「そもそも忍耐なるもの」という意味になっているため，これらの意味を (156c) (156d) という文では言い換えできない。

(156c)　*Ich verliere *Geduld*.　（私は堪忍袋の緒が切れる。）

(156d)　*Ich habe *die Geduld*.　（私は辛抱強い。）

ともあれ抽象名詞が量のニュアンスを帯びて用いられるとき，複数になることはない。

(157)　Um eine neue Stelle zu finden, gab er sich viel *Mühe*.　（新しい職を得るのに彼はとても苦労した。）

3.1.8.3.7. 物質名詞の場合

物質名詞に無冠詞が冠せられた場合 (158a) と定冠詞が冠せられた場合 (158b) について，関口（¹¹1991：Ⅲ-430）は「das Blut の方が素朴で，Blut の方が […] 簡潔で力強い」感触がすると述べている。

(158a)　*Blut* enthält Eisen.　（血液には鉄分が含まれている。）

(158b)　*Das Blut* enthält Eisen.

3.1.8.3.8. 格言

抽象名詞も定義的・格言的な陳述の主語になる場合には，無冠詞を冠せる。

(159)　*Hunger* ist der beste Koch.　（すき腹にまずいものはない。[空腹は最上の料理人である]）

(160)　*Liebe* macht blind.　（恋は盲目。[恋は人を盲目にする]）

3.1.8.3.9. 特別なテクスト種（電報や新聞）

電報や辞書の解説，新聞の見出しなどの特別なテクスト種においては，名詞に無冠詞を冠せるのが通例である．この場合，無冠詞を冠せることは，決して，対象となる事柄が不特定ないし未知であることを意味しない．(Flämig 1991：475)．

(161) *Bahn* darf Preise im Nahverkehr kräftig erhöhen. （ドイツ鉄道が近距離料金の大幅値上げを許可される．）

(162) Gericht weist *erste deutsche Raucherklage* ab. （裁判所がドイツで初めての喫煙者の訴えを棄却する．）

3.1.8.3.10. ザクセン２格（sächsischer Genitiv）

２格名詞の付加語は通例，被修飾語の後におかれるが，高尚な文体や詩的表現ではしばしば，被修飾語である名詞の前に置かれる．この前置された２格名詞のあとの被修飾語の名詞には無冠詞を冠せる：eines Kaufmanns *Sohn* (＝der Sohn eines Kaufmanns ある商人の息子)．

この２格を，とくに日本でのドイツ語教育の文法説明の際に「ザクセン２格」と呼ぶことがある．しかし，この「ザクセン２格」という名称は，英文法の領域の言葉で，of＋名詞の形における付加語(被修飾語の名詞に後置される)に対して，'s による形(名詞に前置される)を指したものであり，古くは angelsächsischer Genitiv ともいった．このような起原による名称であるから，これをザクセン語に限らず古くから見られる前置された付加語を指すのにドイツ語の領域で使用するのは適切だとはいえない（← 1.1.4., 3.3.3.2.1.）．

3.1.9. 否定表現と名詞―否定冠詞 kein

否定文を作る際，どのような場合に kein が用いられるのだろうか．名詞に定冠詞が冠せられる陳述を否定文に変換しても，kein は現れず，かならず nicht が使用される．したがって kein を用いるのは，陳述中の名詞に不定冠詞が冠せられているか，無冠詞が冠せられているかの場合である．

3.1.9.1. 不定冠詞を冠せた名詞の否定

不定冠詞を冠せた名詞の否定には，常に kein が用いられる．
(163) Er hat mir *kein* Buch gekauft. （彼は私に一冊の本も買ってくれなかった．vgl. Er hat mir ein Buch gekauft.）

3.1.9.2. 無冠詞を冠せた名詞の否定

無冠詞を冠せた名詞の否定には，次の三つの場合が考えられる．

3.1.9.2.1. **kein** が用いられる場合
①複数名詞に冠せて：
(164) Wir haben *keine* Brüder. （私たちには兄弟がいない．vgl. Wir haben Brüder.）
②物質名詞に冠せて：
(165) Er trinkt *keinen* Kaffee. （彼はコーヒーを飲まない．vgl. Er trinkt Kaffee.）
③成句表現の中で：
(166) Ich habe *keinen* Hunger. （私はお腹がすいていない．vgl. Ich habe Hunger.）
(167) Er holte *keinen* Atem mehr. （彼はもう息をしなかった．vgl. Er holte Atem.）

3.1.9.2.2. **nicht** が用いられる場合
①熟語表現：
(168) Sie kann *nicht* Auto fahren. （彼女は運転できない．vgl. Sie kann Auto fahren.）
(169) Der Freund hält *nicht* Wort. （友だちは約束を守らない．vgl. Der Freund hält Wort.）
②動詞とともに用いられた＜als＋職業名，職務名＞：
(170) Sie arbeitet *nicht* als Krankenpflegerin. （彼女は看護師としては働いていない．vgl. Sie arbeitet als Krankenpflegerin.）

3.1. 冠　　詞

③肯定の答えを期待した否定疑問文において，通例「…ではないか」と言って kein が現れるはずのところにも，nicht が使われる場合がある：
(171)　Hättest du *nicht* Lust mitzukommen? （君は一緒に来る気はないのか？　vgl. Hättest du keine Lust mitzukommen?）

3.1.9.2.3.　kein も nicht も用いられる場合

①職業などを言い立てる用法で，名詞が sein や werden の述語名詞になった場合：kein を用いた否定文が（ ）のように二通りの意味を持つことがある。しかし(173)のように nicht をもちいた否定文の意味は一通りに限定される(Helbig/Buscha ⁴1991：514)：
(172)　Er ist *kein* Politiker.
　　　（彼の職業は政治家ではない．vgl. Er ist Politiker.）
　　　（彼はいわゆる政治家［策士］ではない．vgl. Er ist ein Politiker.）
(173)　Er ist *nicht* Politiker. （彼は政治家ではない．vgl. Er ist Politiker ［von Beruf］.）

②前置詞句：
(174)　Er kommt *nicht* aus einer gebirgigen Gegend.
　　　Er kommt aus *keiner* gebirgigen Gegend. （彼は山岳地帯の出身ではない．vgl. Er kommt aus einer gebirgigen Gegend.）

③機能動詞構文中の無冠詞を冠せられた4格名詞の否定（Helbig/Buscha ¹⁴1991：100f.）：
(175)　Er leistete der Aufforderung *nicht/keine* Folge. （彼は要求に従わなかった．）
(176)　Er nahm von seinen Freunden *nicht/keinen* Abschied. （彼は友達に別れの挨拶をしなかった．）

3.1.10.　テクストによる具体例

冠詞について学んだ締めくくりに，具体的なテクストの中で冠詞がどのように使われているのかを検討しよう．実例のテクストは，ドイツのある新聞に掲載された一人の男性の手記である．このテクストの文中で用いられている冠詞の用法を，重複を恐れずに検討する．□は無冠詞を示している．テク

ストそのものを無作為に選んでいるから，重複のはげしい用例は一般的に頻度が高いと言えるかもしれない．本文で扱った冠詞の用例がすべてここに出てくるわけではないのは言うまでもない．末尾に，このテクストでは現れなかった用例の見出しをリストアップする．

3.1.10.1.

Das① letzte Mal beim② Zahnarzt war ich vor 20 Jahren: Der③ Arzt wollte mir einen④ Zahn ziehen und hat ihn dabei abgebrochen. Ich dachte, der bringt mich um. Wenn mir später ein⑤ Zahn wehtat, habe ich ihn selbst gezogen.
　最後に歯医者にいったのは20年前だ：歯医者は私の歯を一本抜こうとして，その歯を折ってしまった．私は殺されるんじゃないかと思った．以後，私は歯が痛くなっても，自分で抜いたものだ．
　①（→3.1.8.1.1.序数の前の定冠詞）「最後の回」の意．　②（→3.1.8.1.1.指示力なき指示詞としての用法）20年前に行った歯医者のことを念頭においで話している．　③（→3.1.8.1.1.テクスト等のコンテクストから規定）Arzt は Zahnarzt の再録 Wiederaufnahme．　④（→3.1.8.2.1.個別差を表す用法）「（一本の）歯を」．　⑤（→3.1.8.2.2.不定性を表す用法）「（ある）歯が」．

3.1.10.2.

Aber es gibt ein① Zentrum hier in Berlin, die② MUT, da bekommen □③ Leute wie ich was zu essen und □④ Kleidung. Und da arbeitet jetzt auch eine⑤ Zahnärztin, extra für die⑥ Obdachlosen. Die ist so eine⑦ richtige Mutti. □⑧ Ganz zarte Hände hat die! Und die hat gesagt: „Komm Klaus, du bist doch ein⑨ hübscher Kerl, mit deinen Zähnen, da müssen wir was machen." Aber ich musste mir das erst überlegen. Ich hatte ganz schön □⑩ Angst.
　でもここベルリンには，センターつまりMUTがある．そこで私と同じような人々は食べ物や着る物をもらっている．そしてそこでは，特別にホーム

3.1. 冠　　詞

レスのために，女性の歯医者さんが働いている．その人は，まさにお母さんみたいな人なのだ．ほんとうにやわらかい手をその人はしているのだ！そして「いらっしゃいクラウス，ホントはあなたはハンサムな男なのよ．歯さえちゃんと揃っていればね．何とかしましょうよ」．だけど，そのことについてはまずよく考えなくてはならなかった．すごく心配だったから．

① (→3.1.8.2.2.不定性を表す用法)「(ある) センターが」．　② (→3.1.8.1.2.組織名)　③ (→3.1.8.3.2.不特定多数を表す複数形)　④ (→3.1.8.3.1.不定冠詞の不定性を表す用法に相当する用法)「服を」．　⑤ (→3.1.8.2.2.不定性を表す用法)「(ある) 女性の歯医者さんが」．　⑥ (→3.1.8.1.2.通念を表す用法)「(そもそも) ホームレスのために」．　⑦ (→3.1.8.2.3.質を強調する用法)「お母さんみたいなひと」の意．　⑧ (→3.1.8.3.2.不特定多数を表す複数形)　⑨ (→3.1.8.2.3.質を強調する用法)「ハンサムな男」．　⑩ (→3.1.8.3.6.抽象名詞に無冠詞が冠せられる用法)

3.1.10.3.

Früher war mein Leben mal ganz normal. Ich hatte □① Familie, □② Arbeit, eine③ Wohnung. Ich war □④ Fernfahrer: □⑤ Berlin — Moskau, Warschau, Danzig, Prag — ich kam richtig rum. Aber für die⑥ Ingrid war mein Job leider nichts: Nach 13 Jahren ging die⑦ Ehe zu □⑧ Bruch. Meine beiden Söhne blieben bei ihr. Dann lernte ich □⑨ Sylvia kennen. Ihre Eltern hatten ein⑩ privates Fernsehgeschäft in Leipzig. Ich bin mit eingestiegen, wurde □⑪ Geschäftsführer. Aber auch diese Ehe hat leider nicht gehalten — meine Frau war □⑫ Trinkerin.

　昔は，私の生活はまったく普通のものだった．家庭も仕事も住居もあった．私は長距離運転手だった：ベルリンからモスクワ，ワルシャワ，ダンツィッヒ，プラハと，本当に走り回っていた．だけど悲しいことに，あのイングリットは，私の仕事を何とも思っていなかった：13年後に結婚生活は破綻した．二人の息子は彼女に引き取られた．それから私はシルビアと知り合った．シルビアの両親はライプチッヒに自分のテレビ店を持っていて，私はそれにかかわって，経営者になった．しかしこの結婚も残念ながら続かなかった．私の妻はアル中だったのだ．

①②(→ 3.1.8.3.1.不定冠詞の不定性を表す用法に相当する用法)「家庭と仕事」.　③ (→ 3.1.8.2.2.不定性を表す用法)「(ある) 住まいを」.　④ (→ 3.1.8.3.4.職業を言い立てる用法)　⑤ (→ 3.1.8.3.4.固有名詞, 地名)　⑥ (→ 3.1.8.1.2.姓名) 親しさを表す.　⑦ (→ 3.1.8.1.1.テクスト等のコンテクストから規定)「(私とイングリッドとの)結婚生活」の意.　⑧ (→ 3.1.8.3.5.慣用句) zu Bruch gehen「壊れる」.　⑨ (→ 3.1.8.3.4.固有名詞, 姓名)　⑩ (→ 3.1.8.2.2.不定性を表す用法)「(ある) テレビ店を」.　⑪ (→ 3.1.8.3.4.職業を言い立てる用法)　⑫ (→ 3.1.8.3.4.身分を言い立てる用法)

3.1.10.4.

In Berlin hab ich dann ein① neues Leben angefangen. Als □② Fahrer beim③ Ministerrat. Irgendwann durfte ich sogar den④ stellvertretenden Minister für Finanzen kutschieren. Im⑤ Volvo. Der⑥ Chef war wie ein⑦ Vater. „□⑧ Junge", hat er immer zu mir gesagt, „Junge". Ich fühlte mich wohl.

それからベルリンで新しい生活を始めた.閣僚評議会づきの運転手として.そのうち大蔵大臣のお供さえすることになった.ボルボで.この人は父親のようだった.「息子よ」, いつも私に「息子よ」と言ってくれていた.居心地はよかった.

①(→ 3.1.8.2.3.質を強調する用法)「新しい生活」.　②(→ 3.1.8.3.4.職業を言い立てる用法)　③(→ 3.1.8.1.2.通念を表す用法, 組織名)「(ベルリンにある)閣僚評議会」.　④(→ 3.1.8.1.1.テクスト等のコンテクストから規定)「大蔵大臣」.　⑤(→ 3.1.8.1.2.有名な工業製品の商標)「ボルボ(自動車)」.　⑥(→ 3.1.8.1.1.テクスト等のコンテクストから規定) Chef は Minister の再録.　⑦(→ 3.1.8.2.3.質を強調する用法)「お父さんみたいなひと」の意.　⑧(→ 3.1.8.3.3."語"そのものを際立たせる用例) Junge は呼びかけ.

3.1. 冠　　詞

3.1.10.5.

Als die① Mauer fiel, bedeutete das für mich: jede Woche Berlin-Bonn. Mit dem② DDR-Kennzeichnen am③ Volvo fielen wir da auf wie ein④ bunter Hund. Eine⑤ gute Zeit: □⑥ Essen nur vom⑦ Feinsten; außer □⑧ Zigaretten musste ich nichts selbst bezahlen; ich musste nur sagen: „Auf die⑨ 816", unsere Kostenstelle, und alles war geritzt.

　壁が崩壊したとき，それは私にとってベルリンとボンの間を毎週往復するということを意味した。ボルボに旧東ドイツのプレートをつけていたので，ボンではブチ犬のように人目を引いた。良い時代だった：食事は極上の物だけだった；タバコ以外は自分でお金を払う必要は一切なかった；ただ私たちの経費番号である「816につけておいて」と言いさえすればよかった，するとすべてちゃんと処理された。

　①（→3.1.8.1.1.発話状況により規定）「ベルリンの壁」のこと。②（→3.1.8.1.1.指示力なき指示詞としての用法）DDR が Kennzeichnen を規定している。　③（→3.1.8.1.2.有名な工業製品の商標）「ボルボ（自動車）」。④（→3.1.8.2.2.不定性を表す用法）「（ある）ブチ犬」。　⑤（→3.1.6.4.，3.1.8.2.3.質を強調する用法）「良い時代」。　⑥（→3.1.8.3.1.不定冠詞の不定性を表す用法に相当する用法）「食べ物」。　⑦（→3.1.6.1.，3.1.8.1.1.最上級による規定）形容詞 fein の最上級の名詞化。　⑧（→3.1.8.3.2.不特定多数を表す複数形）　Zigarette の複数形。　⑨ die 816 の die は指示代名詞。Die Kostenstelle 816 の意。

3.1.10.6.

Aber irgendwann war □① Fliegen billiger als mit dem② Auto nach Bonn, und sie brauchten mich nur noch als □③ Flughafen-Shuttle. Es kam die④ Währungsunion, und der⑤ Westen wollte den⑥ Chef als □⑦ Berater; er sollte helfen, die⑧ DDR-Wirtschaft umzubauen. Doch der wollte nicht für den⑨ Westen arbeiten. „□⑩ Junge", hat er gesagt, „tut mir □⑪ Leid." Unsere letzte Fahrt vom⑫ Flughafen zu ihm nach □⑬ Hause habe ich unter Tränen gemacht.

冠詞・前置詞・格

だがいつしか車よりも，飛行機のほうが安くボンへ行けるようになった．そして私が必要とされるのは，飛行場への往復だけになった．通貨統合になって，旧西ドイツは上司を相談役として欲しがった；西は彼に旧東ドイツの経済転換に一役買わせたかった．しかし彼は，旧西ドイツのために働くつもりはなかった．「息子よ，すまんな．」と彼は言った．飛行場から上司の家まで，私は涙ながらに，最後の運転をした．

① （→ 3.1.8.3.1.不定冠詞の不定性を表す用法に相当する用法）動詞 fliegen の名詞化． ② （→ 3.1.8.1.2.手段を表す用法）「車で」． ③ （→ 3.1.8.3.4.身分，資格を言い立てる用法）比喩表現「(直訳) 飛行場へのシャトルバスとして」． ④ （→ 3.1.8.1.2.通念を表す用法）「通貨統合」． ⑤ （→ 3.1.8.1.1.発話状況により規定）「旧西ドイツ (西側)」． ⑥ （→ 3.1.8.1.1.テクスト等のコンテクストから規定） 大蔵大臣である「上司」． ⑦ （→ 3.1.8.3.4.身分を言い立てる用法）「相談役として」． ⑧ （→ 3.1.8.1.1.指示力なき指示詞としての用法）DDR が Wirtschaft を規定している． ⑨ （→ 3.1.8.1.1.発話状況により規定）「旧西ドイツ (西側)」． ⑩ （→ 3.1.8.3.3."語"そのものを際立たせる用例）Junge は呼びかけ． ⑪ （→ 3.1.8.3.5.慣用的用法） Es tut mir Leid.「残念だ」． ⑫ （→ 3.1.8.1.1.指示力なき指示詞としての用法） ⑬ （→ 3.1.8.3.5.成句） nach Hause「家へ」．

3.1.10.7.

Nach der① Vereinigung ging es ganz schnell. Ich bin mit dem② neuen Geld einfach nicht klar gekommen. Für □③ Miete und □④ Leben haben die⑤ 746 D-Mark, die ich als □⑥ Arbeitsloser kriegte, nicht gereicht. Und sowieso hab ich es gehasst, auf den⑦ Ämtern zu betteln. Bis zum⑧ Tod meiner Mutter habe ich bei ihr gewohnt. Danach in einer⑨ Hütte im⑩ Wald, später auf der⑪ Straße. Acht Jahre immer draußen. Ich war nie wieder in einer⑫ Kneipe—zu teuer. Ich habe mich nie wieder bei jemandem gemeldet, auch bei meinen Kindern nicht. Und ein⑬ Zahnarztbesuch stand für mich gar nicht zur⑭ Debatte: nicht nur, weil ich □⑮ Angst hatte. Ich war ja auch nicht mehr krankenversichert.

3.1. 冠　　詞

　東西ドイツの統合の後はあっという間だった。私はとにかく新しいお金のことが分からなかった。失業者として私が月々受け取る746マルクは，家賃と生活費には足りなかった。それにいずれにせよ役所で乞食のように頼みまくるのは嫌だった。母が死ぬまで，私は母のもとで暮らした。その後は森の中の小屋で，後には路上で。8年の間，ずっと家なしで暮らした。飲み屋へは二度と行かなかった─金がかかりすぎるのだ。もう二度と誰かのところへ出かけて行くことはなかった。子どもたちのところへさえも。だから歯医者に通うなんてことは，臆病からというだけではなく，私にとっては論外だった。私は疾病保険にももはや加入していなかったのだ。

　①（→3.1.8.1.1.発話状況により規定）「東西ドイツの統合」。　②（→3.1.8.1.1.指示力なき指示詞としての用法）　③④（→3.1.8.3.1.不定冠詞の不定性を表す用法に相当する用法）「家賃と生活費」。　⑤（→3.1.8.1.1.テクスト等のコンテクストから規定）後ろから関係代名詞により規定されている。　⑥（→3.1.8.3.4.身分，資格を言い立てる用法）「失業者として」。　⑦（→3.1.8.1.1.テクスト等のコンテクストから規定）「役所」。　⑧（→3.1.8.1.1.指示力なき指示詞としての用法）2格の meiner Mutter が後ろから規定。zum Tod「死ぬまで」。　⑨（→3.1.8.2.2.不定性を表す用法）「（ある）小屋で」。　⑩（→3.1.8.1.2.通念を表す用法）im Wald「森で」。　⑪（→3.1.8.1.2.通念を表す用法）auf der Straße「路上で」。　⑫（→3.1.8.2.2.不定性を表す用法）　⑬（→3.1.8.2.4.仮構性の含みを表す用法）否定の含み「医者に通うなんていうことは」。　⑭（→3.1.8.1.3.形式的定冠詞）zur Debatte stehen「討議の対象になっている，討議されない」。　⑮（→3.1.8.3.5.慣用的用法）Angst haben「心配だ」。

3.1.10.8.

　Aber jetzt hat mir die① Zahnärztin der② Obdachlosenhilfe die③ letzten Ruinen gezogen. Das tat nicht mal weh. Diese Ärztinnen — das sind meine Engel. Heute haben sie mir meine Prothese angepasst. □④ Neue Zähne! Für einen⑤ Obdachlosen! Die⑥ Zahnärztin hat 800 Euro für das⑦ Material aufgetrieben, und das⑧ Labor hat die⑨ Arbeitszeit gespendet — unglaublich, oder? Ich bin ein⑩ neuer Mensch.

冠詞・前置詞・格

しかしとうとう、ホームレス援助の女性の歯医者さんが私の何本か残っていた最後の虫歯を抜いてしまったのだ。これは痛くも何ともなかった。ここの女性の歯医者さんたち—この人たちは天使だ。今日彼女たちは、私の義歯をあわせてくれた。新しい歯を！ホームレスのために！この女性の歯医者さんはこの材料のために800ユーロをかき集めて、そこの歯科技工室がただで仕事をしてくれたのだ—信じられないと思わないか？私は新しい人間になった。

①②（→ 3.1.8.1.1.テクスト等のコンテクストから規定） ③（→ 3.1.8.1.1.序数により規定）「最後の虫歯（廃墟）」。 ④（→ 3.1.8.3.4."語"そのものを際立たせる用例）「新しい歯だ！」。 ⑤（→ 3.1.8.2.3.質を強調する用法）「ホームレス」。 ⑥（→ 3.1.8.1.1.テクスト等のコンテクストから規定）すでに言及済みの「女性の歯医者さん」。 ⑦（→ 3.1.8.1.1.テクスト等のコンテクストから規定）「(歯の)材料」。 ⑧（→ 3.1.8.1.1.テクスト等のコンテクストから規定） ⑨（→ 3.1.8.1.1.テクスト等のコンテクストから規定）「(技巧室での)作業時間」。 ⑩（→ 3.1.8.2.1.個別差を表す用法）「(一人の)新しい人間」。

3.1.10.9.

Aber ich war heute auch in der① Praxis, um mich zu verabschieden. Es ist noch etwas passiert : □② Doktor De la Torre, die③ ärztliche Leiterin, hat hinbekommen, dass ich □④ Sozialhilfe kriege. Und das⑤ Allerbeste : Sie hat mir eine⑥ Wohnung vermittelt. Eine⑦ Wohnung ! In □⑧ Lichtenberg. Mit □⑨ Bad. Stellen Sie sich das mal vor : Ich habe □⑩ Zähne, □⑪ Geld und eine⑫ Wohnung. Ich gehe heute □⑬ Abend nach □⑭ Hause.

だけど私はさよならを言うために、今日また診察室に行った。あとまだあることが起こったのだ：医療主任のデ・ラ・トレ先生が、なんとか私が社会保障を受けられるようにしてくれたのだ。それに最高なことは、彼女が私に住居を世話してくれたのだ。住まいを！リヒテンベルクに。風呂つきの住居を。歯と金と住まいがあるってことを、一度想像してみてほしい。私は今晩家にかえるのだ。

①（→ 3.1.8.1.1.テクスト等のコンテクストから規定） ②（→ 3.1.8.1.

3.1. 冠　　詞

2.姓名，職業名)肩書きの Doktor には無冠詞を冠せる．　③(→3.1.8.1.1.テクスト等のコンテクストから規定)　④(→3.1.8.3.1.不定冠詞の不定性を表す用法に相当する用法)「社会保障」．　⑤(→3.1.6.1.，3.1.8.1.1. 形容詞の名詞化，テクスト等のコンテクストから規定) 形容詞 allerbest の名詞化．　⑥(→3.1.8.2.不定性を表す用法)「(ある)住まいを」．　⑦(→3.1.8.2.3.質を強調する用法)「住まいを」．　⑧(→3.1.8.3.4.固有名詞，地名)「リヒテンベルク」．　⑨(→3.1.8.3.5.慣用的用法) mit Bad「お風呂つきの」．　⑩(→3.1.8.3.2.不特定多数を表す用法) Zahn の複数形．　⑪(→3.1.8.3.1.不定冠詞の不定性を表す用法に相当する用法)　⑫(→3.1.8.2.2.不定性を表す用法)「(ある)住まいを」．　⑬(→3.1.8.1.2.，3.1.8.3.5.慣用的用法，4格の状況語) heute Abend「今晩」．　⑭(→3.1.8.3.5.成句) nach Hause「家へ」．

このテクストでは現れなかった用例：

\[定冠詞の用法\]

[3.1.8.1.2.通念を表す用法]
1．一つしか存在しないために特定　A．国名，地名／B．山地，海，河川名／D．建造物名／F．新聞名や雑誌名，2．時間名詞，4．身体，身体の一部，着衣，着衣の一部などを表す用法，5．抽象名詞の場合
[3.1.8.1.3.形式的定冠詞]
1．格の明示，2．慣用的用法　B．機能動詞構文中の名詞，3．比率単位を示す

\[不定冠詞の用法\]

[3.1.8.2.3.質を強調する用法]　2．抽象名詞，物質名詞の場合

\[無冠詞の用法\]

[3.1.8.3.4.固有名詞]　3．親族名称，5．病気や症状，薬を表す名詞，
[3.1.8.3.5.慣用的用法] 3．機能動詞構文中の名詞，3.1.8.3.7.物質名詞の場合，3.1.8.3.8．格言，3.1.8.3.9．特別なテクスト種(電報や新聞)，3.1.8.3.10．ザクセン2格

参考文献

Bikarton, D. (1841) : *Roots of Language*. Ann Arbor.
Dal, Ingerid (³1966) : *Kurze deutsche Syntax. Auf historischer Grundlage*. Max Niemeyer Verlag. Tübingen.
DUDEN (1995) : in 12 Bänden. Band 4 : *Grammatik der deutschen Gegenwartssprache*. Mannheim/Wien/Zürich.
Engel, Ulrich (³1996) : *Deutsche Grammatik*. Heidelberg/Groos ; Tokyo/Sansyusya Publ.
Flämig, Walter (1991) : *Grammatik des Deutschen — Einführung in Struktur — Wirkungszusammenhänge*. Erarbeitet auf der theoretischen Grundlage der „Grundzüge einer deutschen Grammatik". Berlin.
Grammatik der deutschen Sprache (1997) : in 3 Bänden. Band 3 : Walter de Gruyter. Berlin/New York.
Grimm, Hans-Jürgen (²1989) : *Lexikon zum Artikelgebrauch*. Leipzig.
Grundzüge einer deutschen Grammatik. (1981) Akademie-Verlag. Berlin.
Helbig, Gerhald/Buscha, Joachim (¹⁴1991/¹1970) : *Deutsche Grammatik. Ein Handbuch für den Ausländerunterricht*. 14. Auflage. Leipzig. (邦訳：『現代ドイツ文法』. 在間進訳. 三修社. ⁴1991)
Hentschel, Enkel/Weydt, Harald (1990) : *Handbuch der deutschen Grammatik*. Berlin/New York. (邦訳：『ハンドブック現代ドイツ文法の解説』. 西本美彦, 高田博行, 河崎靖訳, 同学社, 1994)
Paul, Hermann (⁵1975) : *Deutsche Grammatik*. Bd. 3. Halle
Sommerfeldt, Karl-Ernst/Starke, Günter (²1992) : *Einführung in die Grammatik der deutschen Gegenwartssprache*. Niemeyer Tübingen.
有田　潤（1992）：『入門　ドイツ語冠詞の用法』三修社　東京.
石田秀雄（2002）：『英語冠詞講義』大修館書店　東京.
正保富三（⁵2001）：『英語の冠詞が分かる本』研究社　東京.
関口存男（¹¹1991）：『冠詞』全3巻　三修社　東京.
関口存男（1979）：『ドイツ語冠詞』三修社　東京.
関口存男（²⁰1991）：『独作文教程』三修社　東京.
橋本文男（³⁵1985）：『詳解ドイツ大文法』三修社　東京.
真鍋良一編（1976）：『ドイツ語の疑問に答える201章―ドゥーデン編集部の回答―』三修社　東京.

語(句)の索引

als ……………32,38,44	Kaffee, der ……………13
～Fachmann ……………32	Kälte, eine ……………33
cf. wie ein Fachmann ………32	Kind, ein zweites ……………19
Alte, das ……………8	Kirche, die ……………18
Bergmann, die ……………8	Kleine, der ……………7
Bertelsmann ……………24	Kleiner, ein……………7
Bier……………10	Kofferpacken, das ……………7
BMW ……………24	kommen, zur Entscheidung ………29
Bordeaux, der ……………8	nehmen, etwas in Anspruch………41
bringen, etwas zum Ausdruck	Neue, das ……………8
……………29,41	Lollobrigida, die ……………8
bringen, etwas zum Schluss………29	Luft, 'ne ……………33
bringen, etwas zur Sprache ………29	Lüfte ……………10
Buddenbrooks, die ……………10,22	McDonald's ……………24
Dietrich, die ……………8	Mercedes-Benz ……………24
Du, das……………7	cf. der Mercedes-Benz ………25
Erika, die ……………8	Mühe, sich～geben ……………41
Essen & Trinken ……………24	Papier ……………9
Feuer ……………9	Rauchen, das ……………7
führen, etwas zu Ende ……………41	Reizendes ……………8
Gebäude, ein……………18	Ruhe, der (2格) ……………27
Gedächtnis, ein gutes……………33	Stück ……………10
Geduld, die ……………42	Tasse ……………10
cf. Geduld ………42	Tee, dem ……………27
Glas ……………10	Vorwort, das ……………18
Gnädigers Ernst, der ……………23	Überraschung, eine……………33
Goethe, der junge ……………23	Wässer ……………10
Goethe, ein ……………32	Weltkrieg, ein dritter ……………19
Honda, der ……………25	Zeit ……………9
cf. Honda, die ………25	Zink, dem ……………27

事項の索引
（目次から探せない事項のみを挙げた）

「或る〜」……………………………31
「ある種の〜」………………………31
「いかほどかの数の〜」……………35
一般概念………………………………39
一般真理…………………………12f.
一般命題の含み………………………33
送り手の主観…………………………16
送り手の認知…………………………16
送り手の認定……………………………2
送り手の判断………………………14f.
下位概念………………………………20
概念指示………………………………20
仮定の含み……………………………33
関係文………………………………17f.
冠詞の省略 Artikellosigkeit ………3
言語使用者の主観………………………2
言語的文脈 sprachlicher Kontext
　………………………………………7,12
口頭テクスト mündlicher Text ……1
呼格……………………………………35
個体指示機能…………………………19
個別指示的な形容詞と定冠詞………19
指示代名詞 Demonstrativpronomen
　…………………………………………3
質を強調する不定冠詞と人名………32
「若干の〜」…………………………35
上位概念………………………………20
錠剤の複数形…………………………39
情報伝達 Kommunikation ………1,36
情報の不特定性…………………………1
書記テクスト schriftlicher Text …1
女性名詞の国名………………………21

数詞 Numerus ……………3,11,31,39
姓名の複数形………………………10,22
絶対最上級……………………………19
ゼロ冠詞 Nullartikel…………………3
「その〜」……………………………17
「そもそも〜というもの」…………20
男性名詞の国名………………………21
定義文……………………………20,30
テクストに外在する要因………1,2,16
テクストに内在する要因……1,2,7,16
通りや広場の名前……………………21
時の長さを表す単位名………………11
特定の存在を表す名詞に
　冠せる不定冠詞……………………13
度量衡の単位名………………………11
「何等かの〜」………………………33
日時を表す形容詞と定冠詞…………19
場面的文脈 situationeller Kontext
　………………………………………7,12
否定の含み……………………………33
「一つの〜」…………………………30
ファーストネームと定冠詞…………22
複数形の国名…………………………21
不定性を表す無冠詞…………………31
文法的なはたらき（冠詞の）…………4
方言における姓名………………23,37
方向を表す形容詞と定冠詞…………19
未知の情報…………………………1,13
未定の含み……………………………33
「むき出し」の名詞…………………36
名詞の分類……………………………9
余剰 Redundanz……………………4,7

3.2. 前置詞（Präposition）

3.2.1. 前置詞という品詞

　前置詞は，文の内部で名詞や代名詞（以下，特に必要がない限り「名詞」で代表させる）などと結び付いてこの名詞と他の語句とのさまざまな関係を表すはたらきをする．前置詞には結び付く名詞の格を指定する力がある．また，少数の例外を除けば結び付く名詞の前に置かれることから，前置詞と呼ばれる．
　（1）　*Nach* dem Film gehen wir essen.　（映画の後で私達は食事に行く．）
　（2）　Wir fahren *durch* einen Tunnel.　（私達はトンネルを通って行く．）

3.2.1.1. 前置詞と名詞の位置関係

　前置詞は結び付く名詞の前に置かれるのが普通だが，中には，（3）の zuliebe のように名詞の後ろに置かれるものや，（4）の um ... willen のように名詞を前後からはさむものもある．
　（3）　Das hat er dir *zuliebe* getan.　（それを彼は君のためにした．）
　（4）　*Um* ihrer Kinder *willen* müssen sie auf vieles verzichten.　（子供達のために彼らは多くのことを諦めねばならない．）
　（3）の zuliebe のように後ろに置かれるものを**後置詞** Postposition と，（4）の um ... willen のように前後に置かれるものを**周置詞** Circumposition と呼ぶことがある．

3.2.1.2. 前置詞の格支配

　前置詞には結び付く名詞の格を指定する力がある．たとえば上に挙げた（1）

ではnachが3格を指定しているのでFilmが3格になり，(2)ではdurchが4格を指定しているのでTunnelが4格になっている．このように結び付く名詞の格を指定することを「格支配」と言う．格支配は前置詞という品詞を認定する最も重要な基準と考えられている．たとえばalsやwieには格支配が見られないから，これらは前置詞ではなく接続詞である．

(5) Ich rate dir *als* guter Freund zur Annahme dieser Bedingungen.（私は君に親友としてこの条件を受け入れるよう忠告する．）

(6) Ich betrachte ihn *als* einen guten Freund. （私は彼を親友と思っている．）

(7) Er wurde *wie* ein Verbrecher behandelt. （彼は罪人のように扱われた．）

(8) Man behandelte ihn *wie* einen Verbrecher. （人は彼を罪人のように扱った．）

(5)のguter Freundはichと同格で1格に，(6)のeinen guten Freundはihnと同格で4格になっている．同様に(7)のein Verbrecherはerと同格，(8)のeinen Verbrecherはihnと同格となっている．いずれの場合も後続する名詞の格はalsおよびwieによって決まっているのではない．

もっとも，Schröder（1986）のようにalsとwieを「格支配しない前置詞」とする考え方もある．また，was für ein 〜「どんな〜」のfürも格支配しないが，一般には前置詞とみなされている．

また，(9)のようにfürが形容詞と結び付く場合や，(11)のようにnachが副詞と結び付く場合なども格支配は目に見える形としては現れないが，(10)や(12)のように名詞と結び付く場合には格支配が有効となるので(9)のfürや(11)のnachもやはり前置詞とされる．

(9) Ich halte ihn *für* intelligent. （私は彼を頭が良いと思っている．）

(10) Ich halte ihn *für* einen Freund. （私は彼を友と見なしている．）

(11) Wir biegen *nach* rechts ab. （私達は右に曲がる．）

(12) Das Zimmer geht *nach* der Straße. （その部屋は通りに面している．）

3.2. 前 置 詞

3.2.1.3. 前置詞と副詞，前綴り，接続詞

　前置詞には，同形の副詞，動詞前綴りあるいは接続詞としての用法を併せ持つものが多い．ここではそれぞれについてごく手短に触れておく．

3.2.1.3.1. 副詞としての用法
　Dal (1966 : 49f.) によると，an, auf, aus, bei, durch, hinter, mit, nach, über, um, unter, von, vor, zu, wieder など，主要な前置詞の多くは空間的な意味を表す副詞に由来するということである．H. Paul のドイツ語辞典にも，たとえば auf は「上方へ」，bei は「近くに」，aus は「外へ」という意味の副詞から前置詞に転じたという記述が見られる．現代ドイツ語でもこれらの語の多くには副詞としての用法も認められ，辞書では前置詞としての記述と並んで，副詞としての記述も行われている．まず sein と結び付く述語用法の例文を挙げておく．
　(13)　Das Licht ist *an* ⟨*aus*⟩.　（灯りがついて〈消えて〉いる．）
　(14)　Die Tür ist *auf* ⟨*zu*⟩.　（ドアが開いて〈閉まって〉いる．）
　(15)　Das Fleisch ist *durch*.　（肉は火が通っている．）
　(16)　Ich war auch *mit*.　（私も居合わせた．）
　(17)　Die Pause ist *um*.　（休憩時間は終わりだ．）
　また von Kindheit *an*（子供の時から）の an や von heute *ab*（今日から）の ab など，他の前置詞と組んで用いられる場合も副詞として記述されている．
　次の例文の über や unter も前置詞ではなく副詞である．
　(18)　Gemeinden von *über* 10 000 Einwohnern　（人口1万人以上の市町村）
　(19)　Beim Konzert waren *unter* 100 Leute.　（コンサートに来たのは100人未満だった．）
　(18)では über は「～以上」という意味で10 000に係っているだけで，後ろの Einwohnern は von に支配されて3格になっている．同様に(19)の unter も「～より少ない」という意味で100に係っているだけで，Leute は1格の主語である．
　次の(20)の außerhalb は2格の名詞と結び付く前置詞だが，(21)の außerhalb は名詞を伴わず，単独で「市街地の外に，郊外に」という意味を表

す副詞として用いられている．
- (20) Er wohnt *außerhalb* der Stadt. （彼は郊外に住んでいる．）
- (21) Er wohnt *außerhalb*. （彼は郊外に住んでいる．）

3.2.1.3.2. 前置詞と前綴り

　an-（ankommen 到着する，ansprechen 話しかける，anbringen 取り付ける），auf-（aufstehen 起きる，aufmachen 開ける，aufblitzen きらめく），aus-（ausgehen 出かける，ausfallen 抜け落ちる，ausschalten スイッチを切る）など，動詞の前綴りには前置詞と同形のものが多い．一般に，本来は空間的な意味の副詞として用いられていた語が，名詞と結び付いて安定した場合は前置詞になり，動詞と結び付いて固定した場合は前綴りになったと説明されている．たとえば beistehen（…³に味方する）は，Duden のドイツ語大辞典によると im Kampf bei jemandem stehen（戦いである人の側に立つ）に相当する表現の bei と stehen が結び付いて固定したものだということである．次に，前置詞と同形の前綴りを持つ動詞表現の例を，対応する前置詞句による表現と並べて挙げておく．

- (22) einen Henkel anlöten（取っ手をハンダ付けする）— einen Henkel an den Topf löten（取っ手を鍋にハンダ付けする）
- (23) die Fracht aufladen（貨物を積み込む）— die Fracht auf das Fahrzeug laden（貨物を車両に積む）
- (24) die Zahnpasta auspressen（練り歯磨きを押し出す）— die Zahnpasta aus der Tube pressen（練り歯磨きをチューブから押し出す）
- (25) Es regnet durch．（雨漏りがする．）— Es regnet durch das Dach.（雨漏りがする．＜雨が屋根を通りぬけて降る）

　上で見た(13)～(17)の an, aus, auf などと sein の結合も一つの動詞と見ることができる．事実，1998年の新正書法施行以前は ansein, aussein, aufsein という一つの見出し語として辞書に記載されていた．新正書法施行後は分かち書きされるようになったが an sein, aus sein, auf sein という結び付きを見出し語として記載している辞書が多い．

3.2.1.3.3. 接続詞としての用法

　(26)の seit や(27)の bis のように，従属の接続詞としての用法を併せ持つ前

置詞もある．
- (26) Er fühlt sich viel besser, *seit* er aufs Land zog.　（田舎に越してから彼は調子がずっと良くなった．）
- (27) Wir wollen hier warten, *bis* der Regen aufhört.　（雨が止むまで私達はここで待つつもりだ．）

また，(28)のように zu 不定詞句の前に置かれる用法の um や，(29)のように接続詞 dass の前に置かれる用法の ohne も，一般に接続詞とされている．
- (28) Wir sind gekommen, *um* Ihnen zu gratulieren.　（私達はあなたにおめでとうと言うために来ました．）
- (29) Sie hat mir geholfen, *ohne* dass sie es weiß.　（彼女はそれと知らずに私を助けてくれた．）

3.2.2. 定冠詞との融合形と代名詞との結合形

前置詞は，定冠詞と融合した形で，あるいは代名詞と結合した形で用いられることがある．

3.2.2.1. 定冠詞との融合形

いくつかの前置詞は後続する定冠詞と融合する場合がある．
- (1) 前置詞＋dem：am（＜an dem），beim（＜bei dem），im（＜in dem），vom（＜von dem），zum（＜zu dem）
- (2) 前置詞＋der：zur（＜zu der）
- (3) 前置詞＋das：ans（＜an das），aufs（＜auf das），durchs（＜durch das），fürs（＜für das），hinters（＜hinter das），ins（＜in das），übers（＜über das），ums（＜um das），vors（＜vor das）

特に以下の場合，通常は融合形が用いられる．
- (4) 地名や地理的概念と：Frankfurt *am* Main（マイン河畔のフランクフルト）/*am* Äquator（赤道で）/*am* Fuß des Berges（山の麓で）
- (5) 日付や曜日と：*am* Montag（月曜日に）/*am* 2. April（4月2日に）
- (6) 最上級と：Er singt *am* schönsten.　（彼が一番うまく歌う．）
- (7) 名詞化した動詞と：*beim* Suchen helfen（探すのを手伝う）/*im*

Abklingen sein（収まりつつある）/*ans* Aufhören denken（やめることを考える）

（8）成句で：*am* Ende（最後に）/*im* Gegenteil（反対に）/*vom* Fach sein（専門家である）/*zum* Beispiel（例えば）/*ans* Licht kommen（明るみに出る）/*aufs* Spiel setzen（危険にさらす）/*fürs* Erste（さしあたり）/*ins* Leben treten（社会に出る）/*ums* Leben kommen（死ぬ）

ただし，定冠詞に「その〜」と強く指し示すはたらきがあるときは融合形にならない．

（9）Dabei hatte ich *an dem* Tag überhaupt noch nichts getrunken！（でも，私はあの日はまだ全然飲んでいませんでしたよ．）

（10）Er drückte die Kippe in den Aschenbecher, wobei er *zu der* Sekretärin sagte：...（彼は吸殻を灰皿に押し付け，その秘書に…と言った．）

また，口語では以下のような融合形も用いられる．

aufm（＜auf dem），aufn（＜auf den），hinterm（＜hinter dem），hintern（＜hinter den），überm（＜über dem），übern（＜über den），unterm（＜unter dem），untern（＜unter den），unters（＜unter das），vorm（＜vor dem）

3.2.2.2. da(r)＋前置詞

前置詞と人称代名詞が結び付くとき，人称代名詞が「人」を指すならば「前置詞＋人称代名詞」がそのまま用いられ，人称代名詞が「物」や「事」を指すならば，da- と前置詞の結合形が用いられるのが原則である．この結合形は一般に**代名副詞** Pronominaladverb（→7.2.5.1.）と呼ばれる．

（11）„Bist du mit deinem Lehrer zufrieden?"（先生に満足している？）
„Ja, ich bin *mit ihm* zufrieden."（うん，満足しているよ．）

（12）„Bist du mit dem Unterricht zufrieden?"（授業に満足している？）
„Ja, ich bin *damit* zufrieden."（うん，満足しているよ．）

da- は，(13)のように先行する文の内容を受けたり，(14)や(15)のように後続する副文や zu 不定詞句を先取りしたりすることもある．

（13）Er hat dieses Verbrechen begangen. *Dafür* wird er büßen.（彼

はこの罪を犯した．これを彼は償うことになるだろう．）
- (14) Er hat das Problem *dadurch* gelöst, dass er den Termin verschoben hat. （彼は期日をずらすことによってその問題を解決した．）
- (15) Ich bestand *darauf* mitzukommen. （私は一緒に行くことに固執した．）

前置詞が母音で始まる場合は daran や darin のように，da- と前置詞の間に -r- が入る．このタイプの結合形は口語で dran, drauf, drin, drum, drunter などの短縮形で用いられることもある．また，古いドイツ語では前置詞が子音で始まる場合でも darnach, darneben などの形が用いられることもあった．
- (16) Ich nahm das Glas und trank *daraus / draus*. （私はグラスを手に取り，そこから［＝グラスから］飲んだ．）
- (17) Wir wohnen im zweiten Stock und mein Vater *darüber / drüber*. （私たちは3階に，父はその上の階に住んでいる．）

なお，wegen, trotz, dank, statt, infolge, diesseits, jenseits, innerhalb, außerhalb, oberhalb, unterhalb, während；außer, seit；bis, ohne などのように da[r]- との結合形が作れない前置詞もある．

3.2.2.2.1. 原則から外れるケース

上に述べたのはあくまでも原則である．実際には人称代名詞が「人」を表すときでも，da- と前置詞の結合形が用いられることもある．たとえば(18)や(19)のように「個人」が集団に埋没していると感じられる場合や，(20)のように全体が一つの場面のように感じられる場合には結合形が用いられる．
- (18) ... die rollschuhfahrenden Kinder ... *Dazwischen* sang ein rothaariger Junge Lieder in einer fremden Sprache. （…ローラースケートをしている子供たち…その中に外国語の歌を歌う赤毛の少年がいた．）(Engel 1988：760)
- (19) Sie hatten vier Söhne, aber nur einer *davon* konnte das elterliche Geschäft übernehmen. （彼らには息子が4人いたが，その内の1人しか両親の商店を継げなかった．）(DRGD)
- (20) Ich sehe mich um. Hinter mir steht Georg in seinem purpurnen Pyjama, *dahinter* die alte Frau Kroll ohne Zähne, in einem blauen Schlafrock mit Lockenwicklern im Haar, *dahinter* Heinrich. （私

は振り向く．私の後ろには紫色のパジャマを着たゲオルクが立ち，その後ろには歯の無い年老いたクロル夫人が青いガウンを着て頭にカーラーを付けて立ち，その後ろにはハインリヒが立っている．）(DRGD)

また，(21)や(22)のような口語的な表現でも結合形が用いられる．

(21) „Ich bin gespannt auf seine neue Freundin." „Da bin ich auch *drauf* gespannt." （「彼の新しい恋人が（どんな人か）楽しみだ．」「僕も彼女が楽しみだ．」）(Eppert 1988：166)

(22) „Ich denke oft an den netten Mann." „Da denk' ich auch oft *dran*." （「私はよくあの親切な人のことを考える．」「私も彼のことをよく考えるよ．」）(Eppert 1988：166)

一方，事物を表す代名詞ならば必ず da- となって前置詞と結合するというわけではない．Engel (1988：760) は，具体的に指し示されて，他と明確に区別されるならば，事物を表す場合でも da- にならないと説明している．次に実例を二三挙げておく．

(23) Aber in der Niemals-Gasse geht die Zeit aus dir heraus. Man kann sagen, daß du jünger geworden bist, während du *durch sie* hindurchgegangen bist. （けれども「決してない通り」では時間はお前の中から出てくるんだ．つまり，お前はそこを通って行く間に年が若くなったんだよ．）

(24) Diese Weltordnung ist für das Gedeihen des Kindes lebensnotwendig. *In ihr* fühlt es sich geborgen. （このような世界の秩序は子供の成長にとって絶対に必要だ．その中で子供は守られていると感じるのだ．）

(25) Die Welt des Jahres 2000 wird sich von der heutigen in wichtigen Punkten unterscheiden. *Auf ihr* werden mehr Menschen leben. (2000年の世界は今日の世界とはいくつかの重要な点で異なっているだろう．そこには今より多くの人間が住んでいるだろう．）

また次の例では bei der Post を dabei に置き換えることができないとされているが，これは dabei だと「その際に」などの意味に誤解される可能性があるので，結合形を避けているのだと考えられる．

(26) „Mein Mann arbeitet bei der Post." „Mein Bruder arbeitet auch *bei der Post/da/*dabei*." （「私の夫は郵便局で働いています．」「私

の兄も郵便局で働いています。」) (Eppert 1988：167)
　なお，DRGD によれば，かつては da と前置詞が離れるケースもよく見られたとのことだが，現代ドイツ語では正しい表現とは見なされておらず，(特にドイツ北部の) 口語表現でのみ見受けられるとのことである．
(27)　*Da* kann ich nichts *für*．（＝Dafür kann ich nichts.）それは私の責任じゃないよ．
(28)　*Da* habe ich nichts *von* gehört．（＝Davon habe ich nichts gehört.）それについては何も聞いていない．

3.2.2.2.2.　hier＋前置詞
da[r]-＋前置詞と並んで，hier＋前置詞の結合形もある．
(29)　*Hierin* gebe ich dir recht．（この点では君が正しいと認めよう．）
(30)　*Hiermit* ist der Fall erledigt．（これをもってこの件は処理された．）
(31)　*Hiermit* erkläre ich die Ausstellung für eröffnet．（これをもって展覧会の開会を宣言します．）
　この hier- は文脈指示もしくは現場指示に使われた副詞で，「これ」という意味であり，da[r]-＋前置詞よりも対象を指し示す力が強い．また例文(30)や(31)の hiermit のように，宣言や式辞などの形式的な表現にもしばしば用いられる．

3.2.2.3.　wo[r]-＋前置詞
　wo[r]- と前置詞の結合形は，(a)疑問代名詞 was と前置詞の結合形か，(b)関係代名詞と前置詞の結合形である．

3.2.2.3.1.　疑問代名詞 was と前置詞の結合形
　前置詞と人称代名詞が結び付いて「da-＋前置詞」という結合形になるように，前置詞と疑問代名詞 was の結び付きも標準的なドイツ語では「wo-＋前置詞」という結合形になる．
(32)　*Woran*（＝An was) denkst du gerade？（今，何を考えているの？）
(33)　*Womit*（＝Mit was) hast du den Spiegel poliert？（何を使って鏡

を磨いたの？）

(34)   *Wovor*（＝Vor was）fürchten Sie sich? （あなたは何を恐れているのですか？）

ただし実際には（特に口語的表現では），(32)～(34)の（　）内に挙げてあるように前置詞とwasがそのまま使われることも多い．文法の変化表では，wasという語形は1格または4格であり，3格や2格の形はないとされているが，mitやnachのような3格支配の前置詞と結び付くmit wasやnach wasなども特に話し言葉では日常的に用いられている．また，2格支配のwegenとwasの結び付きはweswegenという結合形になるとされているが，口語的表現では次のようなwegen wasという結び付きも用いられる．

(35)   *Wegen was* regst du dich so auf? （何でそんなに憤慨しているの？）

3.2.2.3.2. 関係代名詞と前置詞との結合形

不定関係代名詞wasと前置詞の結び付きもwo[r]-＋前置詞という結合形になる．(36)ではwofürで始まる関係文がalles（すべて）の具体的な内容を，(37)ではworanで始まる関係文がvieles（多くのこと）の具体的な内容を述べている．

(36)   Wir haben alles erreicht, *wofür* wir gekämpft haben. （私たちはそのために戦ってきたことをすべて達成した．）

(37)   Er wusste vieles, *woran* sich sonst niemand mehr erinnerte. （彼は他の誰ももう思い出せないことをたくさん憶えていた．）

次の例では，関係文は先行文の内容を受けて，話を進める働きをしている．

(38)   Sie hat unreifes Obst gegessen, *wodurch* sie sich den Magen verdorben hat. （彼女は未熟の果物を食べて，それによってお腹をこわした．）

(39)   Er muss damals in meiner Klasse gewesen sein, *woran* ich mich allerdings nicht mehr erinnere. （彼はそのころ私のクラスにいたはずだ．もっともそれをもう覚えてはいないが．）

さらに(40)ではworanはan dieの代わり，(41)ではwovonはvon derの代わりというように，前置詞と定関係代名詞の代わりとして用いられている．

(40)   die Wand, *woran* ich das Bild hänge　（私がその絵を掛ける壁）

(41)　die Mauer, *wovon* er heruntergesprungen war（彼がそこから飛び降りた塀）

3.2.3. 前置詞句の用法と前置詞の意味

　前置詞句は(a)副詞規定詞，(b)動詞の目的語，(c)形容詞の目的語，(d)名詞の付加語，(e)述語内容詞などとして用いられる．これらの用法については3.3.3.5.で格の用法と並べて概観するが，ここでは(a)副詞規定詞としての用法と(b)動詞の目的語としての用法を中心に二つの問題について考察しておく．一つは副詞規定詞としての前置詞句と目的語としての前置詞句を分けることの妥当性について，もう一つは前置詞が表す意味についてである．

3.2.3.1. 副詞規定詞と目的語

　(1)の前置詞句は「待つ場所」を表し，(2)の前置詞句は「歩む方向」を表している．このような空間関係を表す前置詞句は一般に副詞規定詞とされている．
　(1)　Ich warte *auf der Brücke*.　（私は橋の上で待つ．）
　(2)　Sie trat *ans Fenster*.　（彼女は窓辺に歩み寄った．）
　これに対して(3)や(4)の前置詞句は空間関係を表すのではなく，「待つ対象」及び「考える対象」を表している．このような前置詞句は一般に動詞の目的語であるとされている．
　(3)　Ich warte *auf meinen Bus*.　（私はバスを待つ．）
　(4)　Sie dachte *an sein Versprechen*.　（彼女は彼の約束のことを考えた．）
　副詞規定詞としての前置詞句では，それぞれの前置詞が具体的な意味を表すので，(5)や(6)のように，表される関係に応じて異なった前置詞を用いることができる．
　(5)　Ich warte auf/unter/vor/hinter der Brücke.（私は橋の上/下/手前/向うで待つ．―いずれも「待つ場所」を表す．)
　(6)　Sie trat ans Fenster/ins Zimmer/aus dem Zimmer/zur Seite.（彼女は窓辺に歩み寄った/部屋に入った/部屋から歩み出た/脇へ寄った．

—いずれも「歩む方向」を表す。)
　一方，目的語の場合は，warten ならば auf, denken ならば an というように，前置詞と動詞の結び付きが固定しているので，前置詞を入れ替えることはできない。それゆえ，これらの auf や an は具体的な意味を表すというよりも，むしろ後続する名詞が動詞の目的語であることを示す働きしかしていないとされている。

　(7)　Ich warte auf/*unter/*vor/*hinter meinen Bus.　←(3)
　(8)　Sie dachte an sein Versprechen/*ins Zimmer/*aus dem Zimmer /*zur Seite.　←(4)

この他に，前置詞句が(9)や(10)のように副詞で置き換えられるならば副詞規定詞であり，(11)や(12)のように da-＋前置詞(あるいは前置詞＋代名詞)で置き換えられるならば目的語であるという基準も多くの文法書で言及されている。

　(9)　Ich warte *auf der Brücke*. → Ich warte *dort*. (私はそこで待つ。)
　(10)　Sie trat *ans Fenster*. → Sie trat *dorthin*. (彼女はそこへ歩み寄った。)
　(11)　Ich warte *auf meinen Bus*. → Ich warte *darauf*. (私はそれを待つ。)
　(12)　Sie dachte *an sein Versprechen*. → Sie dachte *daran*. (彼女はそのことを考えた。)

しかし副詞規定詞の前置詞句と目的語の前置詞句は，このような基準によって常に明確に区別できるわけではない。特に，副詞規定詞の前置詞は具体的な意味を表しているが，目的語の前置詞は具体的な意味を表していないという説明の仕方は当てはまらない場合が少なくない。
　一般に「副詞規定詞」とされているものは(i)空間関係，(ii)時間関係，(iii)様態，(iv)原因・理由を表すものという 4 グループにまとめられているが，これらに用いられる前置詞がいずれも等しく具体的な意味を表すとは限らない。たとえば(13)の am nächsten Samstag（次の土曜に）も(14)の für kurze Zeit(短い時間)も時間関係を表す典型的な副詞規定詞だと考えられる。しかし空間関係を表す auf der Brücke（橋の上で）の auf に「上で」という意味があるのと等しい程度に am nächsten Samstag の am に具体的な意味があるとは言えない。

3.2. 前置詞

(13) *Am nächsten Samstag* haben wir eine Party. (次の土曜日にパーティーがある．)

(14) Sie blieb nur *für kurze Zeit*. (彼女は短い時間しか留まらなかった．)

(13)の前置詞句は「次の土曜日に」という意味を表すという限りでは4格の nächsten Samstag と変わらない．また(14)の前置詞句も4格の kurze Zeit と同じ「短い時間」という意味を表すのだから für が kurze Zeit には無いような具体的な意味を付け加えているとは言いがたい．

一方，「目的語」とされている前置詞句でも，その前置詞にはかなり具体的に挙げることのできるような「意味」が認められるものも少なくない．ここではその内の3例だけ挙げておく．

(15) *an etwas* denken/sich erinnern/zurückdenken/sich entsinnen ...
あることを思う/覚えている/振り返る/思い出す ⇒ an は「思考の対象」

(16) *auf etwas* sich freuen/hoffen/rechnen/zählen/warten ... あることを楽しみにする/望む/当てにする/当てにする/待つ ⇒ auf は「期待の対象」

(17) *über etwas* nachdenken/sprechen/berichten/sich unterhalten ...
あることについて熟考する/話す/報告する/歓談する ⇒ über は「主題」

このように類義動詞の表現を並べてみてみると，(15)の an は後続する4格名詞が「思考の対象」であることを表し，(16)の auf は後続する4格名詞が「期待の対象」であることを表し，(17)の über は後続する4格名詞が「発言などの主題」であることを表すということが見て取れる．このように，副詞規定詞の前置詞は具体的な意味を表し，目的語の前置詞は具体的な意味を表していないという区別は必ずしも当てはまらないのである．

以下の記述では，副詞規定詞とされている上の4グループだけでなく，一般に目的語とされている前置詞句についても，できる限り各前置詞に固有の意味と関連付けて考えていく．

3.2.3.2. 具体的な意味と転用された意味

辞書で an, auf, aus, von, durch, um ... などの主要な前置詞を見ると，実に多様な意味用法が挙げられている．3.2.1.3.1.で述べたように，これらの

前置詞は多くの場合，空間的な意味を表す副詞に由来している．したがって，これらの前置詞の意味用法を記述する際には，まず空間的・具体的な意味から始め，徐々にそこから離れて非空間的・抽象的な意味へと移行していくような形で記述できれば，多様な意味用法の相互関連を示すことができるだろう．an の例でそのことを見てみよう．

(18) Er sitzt direkt *am* Fenster. (彼はすぐ窓際に座っている．)

(19) Er hat sich *am* Topf die Finger verbrannt. (彼は鍋で指を火傷した．)

(20) Er ist *an* Krebs gestorben. (彼は癌で亡くなった．)

まず(18)の an は，基本的な意味「空間的接触・近接」そのものを表している．次の(19)は「鍋に触れて」火傷をしたのだから確かに「空間的接触」ではあるが，同時に「空間的接触」が「火傷の原因」でもあるので，この an は空間関係と因果関係の両方を表していると言える．そして(20)では「空間的接触」のイメージはほぼなくなり，an は出来事の「原因」を表している．

(21) Sie packte ihn *am* Arm. (彼女は彼の腕をつかんだ．)

(22) Ich habe ihn *an* der Stimme erkannt. (私は声で彼だとわかった．)

(21)では「彼をつかむ」という行為が，「腕」を具体的な拠り所として遂行されることを表しているので，この an には「空間的接触」と同時に「行為遂行の拠り所」という意味要素が認められる．そして(22)では ─ 空気振動が聴覚器官に刺激を与えるというレベルで考えれば「空間的接触」と言えなくもないが，通常の感覚のレベルでは ─「空間的接触」という側面は後退して，認識という行為の「拠り所」が前面に出てきている．他に，一般に動詞の目的語を示すとされている(23)や(24)の an も，「空間的接触・近接」と関連付けて捉えることができるだろう．

(23) Wir erfreuten uns *an* den blühenden Bäumen. (私たちは花の咲く木々を楽しんだ．＜花の咲く木々に「接して」)

(24) Wir nehmen *an* der Versammlung teil. (私たちは集会に参加する．＜集会に「接する」)

次の3.2.4.で個々の前置詞について説明する際にも，できる限りこのような考え方で個々の意味用法の関連付けを行うよう心がける．

3.2. 前置詞

3.2.4. 主な前置詞

以下，ドイツ語の主な前置詞を 2 格支配，3 格支配，4 格支配，3・4 格支配の順に見ていく．

3.2.4.1. 2 格支配の前置詞
3.2.4.1.1. 主な前置詞

2 格支配の前置詞の数は多いが，使用頻度の高いものはそれほど多くない．また，3 格支配，4 格支配，3・4 格支配の前置詞に比べると，2 格支配の前置詞はいずれも意味的な多様性があまり見られない．たとえば(1)の statt（または anstatt）ならば「～の代わりに」，(2)の trotz ならば「～にも拘らず/～であるのに」というように，それぞれ一つの意味しか表さない．

比較的頻度の高い 2 格支配の前置詞としては次のようなものがある．

(1) *Statt* ⟨*Anstatt*⟩ seines Vaters kam sein Onkel. （彼の父親の代わりにおじさんが来た．）

(2) *Trotz* des Regens steigt er auf den Berg. （雨なのに彼は山に登る．）

(3) *Während* des ganzen Urlaubs regnete es. （休暇の間ずっと雨だった．）

(4) *Wegen* des Schnees muss er warten. （雪のため彼は待たねばならない．）

そのほか，*außerhalb* ⟨*innerhalb*⟩ der Stadt （市外⟨内⟩で）/der Rhein *oberhalb* ⟨*unterhalb*⟩ Kölns （ケルンより上流⟨下流⟩のライン川）/*diesseits* ⟨*jenseits, beiderseits*⟩ des Flusses （川のこちら側⟨向こう側，両側⟩に）などがある．

この内 statt と während には(1)や(3)のような前置詞としての用法の他に，次のような接続詞としての用法もある．

(5) Der Direktor zeichnete seinen Vorgesetzten *statt* ihn aus. （社長は彼の上司を彼の代わりに表彰した．）

(6) Er ging ins Kino, *statt* zur Arbeit zu fahren. （彼は仕事に行くかわりに映画に行った．）

(7) *Während* sie kocht, deckt er den Tisch. （彼女が料理する間に彼

がテーブルの準備をする．）

（5）では，一見 statt が4格を支配しているかのように見えるが，この ihn は seinen Vorgesetzten と同格で4格になっているのであり，statt が4格を支配しているわけではない．

3.2.4.1.2. 造語法から見た分類

上に挙げたもの以外にも，使用頻度の比較的低いものまで含めると2格支配の前置詞はかなりの数に上る．造語法という観点から見ると，3格支配，4格支配，3・4格支配の前置詞には空間関係を表す副詞から転じたものが多いのに対して，2格支配の前置詞には名詞の2格が前置詞になったものや，既存の前置詞と名詞の結合が新たな前置詞となったものなど，他のグループとは違うタイプが多い．以下，造語法という観点から，主なタイプを挙げる．

1．**名詞の2格から**　名詞の2格からできた前置詞で，-s で終わるもの．
anfangs des Monats（月の初めに）/*angesichts* dieser Situation（この状況に直面して）/*betreffs* Ihres Antrags（あなたの申請に関して）/*längs* der Mauer（塀に沿って）/*mangels* genügender Beweise（十分な証拠が足りないので）/*mittels* elektrischer Energie（電気エネルギーを使って）/*vermittels* eines Rundschreibens（回状によって）/*namens* der Regierung（政府の名において）/*seitens* seiner Familie（彼の家族の側から）/*zwecks* gründlicher Untersuchung（精密検査のため）/*abseits* der großen Straße（大通りから離れて）

この内, mittels には mittelst, vermittels には vermittelst という別形がある．また，Zeit の4格からできた *zeit* meines Lebens（私の生涯を通じて）という前置詞もある．

2．**前置詞＋名詞から**　前置詞と名詞が結び付いて一つの前置詞になったものも多い．
anhand der Indizien（状況証拠に基づいて）/*anstatt* seines Vaters（彼の父親の代わりに）/*anstelle* des Ministers（大臣の代わりに）/*aufgrund* des schlechten Wetters（悪天候のために）/*aufseiten* der Regierung（政府としては）/*infolge* schlechten Wetters（悪天候のために）/*inmitten* des Waldes（森の真中に）/*mithilfe* des neuen Computers（新しいコンピューターを使って）/*vonseiten* seines Vaters（彼の父親としては）/*zugunsten*

bedürftiger Kinder（貧困な子供達のために）/ *zuungunsten* des Angeklagten（被告に不利に）/ *zulasten* des Steuerzahlers（納税者の負担で）/ *zuseiten* des Festzuges（パレードの傍らに）/ *kraft* [eines] Gesetzes（法の力で ＜durch/in Kraft）/ *vermöge* seines Reichtums（彼の財産のおかげで ＜nach Vermöge[n]）/ *laut* ärztlichen Gutachtens（医師の所見によれば ＜nach dem [Wort]laut）

この内 anstatt（＜an …² Statt＝…²の代わりに），infolge, inmitten 以外は構成要素（前置詞と名詞）を分けて書くこともできる．例えば anstelle des Ministers は an Stelle des Ministers と書くこともできる．また anhand も1998年の新正書法施行以前は an Hand という分かち書きも認められていた．

3．**-lich で終わるもの** 動詞の語幹や名詞に -lich が付いて前置詞となったもの．

ausschließlich ⟨*einschließlich*⟩ der Heizungskosten（暖房費抜き〈込み〉で）/ *abzüglich* ⟨*zuzüglich*⟩ der Nebenkosten（雑費抜き〈込み〉で）/ *anlässlich* des Jahrestages der Befreiung（開放記念日に際して）/ *bezüglich* Ihres Briefes（あなたのお手紙に関して）/ *hinsichtlich* seiner Gesundheit（彼の健康に関して）/ *rücksichtlich* seiner Fähigkeiten（彼の能力を考慮して）/ *vorbehaltlich* behördlicher Genehmigung（役所の許可を条件として）/ *nördlich* ⟨*östlich, südlich, westlich*⟩ des Flusses（川の北〈東，南，西〉に）

最初に挙げた ausschließlich と einschließlich は ausschließen（除外する）および einschließen（含む）という動詞が元になっているが，それ以外は名詞が元になっている．なお, rücksichtlich や vorbehaltlich などはもっぱら書き言葉で使われる．

4．**動詞の過去分詞から** 動詞の過去分詞に否定を表す un- が付いて前置詞となったもの．

ungeachtet meiner Aufforderung（私の要求にも拘わらず）/ *unbeschadet* seiner Verdienste（彼の功績にも拘わらず）/ *unangesehen* der Umstände（事情を考慮せずに《古語》）/ *unerachtet* der Bitten seiner Mutter（彼の母親の頼みにも拘らず《古語》）

5．**その他**

links ⟨*rechts*⟩ des Rheins（ライン河左〈右〉岸に）/ *seitwärts* der Straße stehen（道の脇に立っている）/*exklusive* ⟨*inklusive*⟩ aller Versandkosten（全ての送料別⟨込み⟩で）/der Einfachheit *halber*（簡略にするために）/der Betrag *minus* Rabatt（割引分を引いた金額）/der Betrag *plus* der Zinsen（利息を加えた金額）/*ob* des steilen Pfades keuchen（急な坂道のために喘ぐ）/*um* seiner Kinder *willen*（彼の子供達のために）/*unweit* ⟨*unfern*⟩ unserer Schule（私たちの学校から遠くないところに）

3.2.4.1.3. 後　　置

2格支配の「前置詞」の内，halber は常に名詞に後置され，inklusive と ungeachtet は前置または後置される．

（8）　Ich konnte dringender Geschäfte *halber* nicht kommen.（私は緊急の用事のために来られなかった．）

（9）　*inklusive* Mehrwertsteuer/Mehrwertsteuer *inklusive*（付加価値税込みで）

（10）　*ungeachtet* ihres handwerklichen Könnens（彼らの職人的技能も顧みず）/aller gegenteiligen Erfahrungen *ungeachtet*（あらゆる反対の経験も顧みず）

余談ながら，sicherheitshalber（用心のため），spaßeshalber（冗談に），vorsichtshalber（念のため）など，2格＋halber から新たな副詞が生じたケースもある．また，wegen は雅語では後置されることがある．

（11）　... als sie Julika ihres schönen Haares *wegen* immer musterten.（彼女たちがユーリカを髪の美しさゆえに絶えずじろじろと見ていたとき…）（DRGD）

なお，wegen と人称代名詞の結び付きは meinetwegen/deinetwegen となるのが正しいとされているが，口語では wegen＋人称代名詞3格（wegen mir）も見られ，また地方によっては wegen＋人称代名詞2格（wegen meiner）も見られるようである．

さらに，zugunsten や zuungunsten のように，前置されるときは2格支配だが，後置されるときは3格支配になる前置詞もある．

（12）　*zugunsten* bedürftiger Kinder（貧困な子供たちのために）/dem Freund *zugunsten*（友のために）

3.2.4.1.4. 2格とvon

2格支配の前置詞のなかには，名詞の2格の代わりにvon＋3格と共に用いられるものがある．

(13) die Autobahn *diesseits* Frankfurts 〈*diesseits von* Frankfurt〉（アウトーバーンのフランクフルトからこちら側）

(14) *außerhalb* Kölns 〈*außerhalb von* Köln〉（ケルンの郊外で）

これらの diesseits や außerhalb は，格支配が無効になっているので，多くの辞書で「副詞」として記述されているが，意味は2格支配の場合と変わらない．このように2格の代わりにvon＋3格でも用いられる前置詞には以下のものがある．

abseits, diesseits, jenseits, beiderseits, angesichts, anhand, anstelle, aufgrund, außerhalb, innerhalb, oberhalb, unterhalb, infolge, unfern, aufseiten, inmitten, links, rechts, nördlich, östlich, südlich, unfern, unweit, westlich, mithilfe, seitens

一方，以下の前置詞はvon＋3格との結び付きでは用いられない．

anlässlich, anstatt, ausschließlich, einschließlich, inklusive, exklusive, kraft, längs, mittels, namens, plus, trotz, minus, unbeschadet, ungeachtet, vonseiten, vorbehaltlich, zeit

3.2.4.1.5. 格標示

男性名詞または中性名詞の単数形に冠詞も付加語も付かない場合，一般に2格の強変化語尾 -s も付かない．

ausschließlich Porto（郵便料金別で）/ *inklusive* Porto（郵便料金込みで）/ *wegen* Umbau（立て替えのため）/ *laut* Fahrplan（運行表によると）/ *mangels* Interesse（興味の欠如により）/ *plus* Trinkgeld（チップを加えて）

ただし地名には einschließlich の後以外で -s が付く．(DRGD „geographische Namen"の1.1.1.)

einschließlich Berlins 〈Berlin〉（ベルリンを含んで）/ *innerhalb* Deutschlands（ドイツ内部で）/ *oberhalb* Straßburgs（シュトラスブルクの上流で）/ *südlich* Kölns（ケルンの南で）/ *unweit* Berlins（ベルリン近くで）

3.2.4.1.6. 3格と結び付く例

Dal（1966：59）によれば，2格支配の前置詞にもかつては innerhalb dem Kreise (Goethe) や jenseits dem Berge (Lessing) のように3格と結び付いた例もあったとのことである．現代のドイツ語でも，特に口語では trotz や wegen などはよく3格と共に用いられる．

(15) Sie gingen *trotz dem Regen* viel spazieren. （彼らは雨にもかかわらずたくさん散歩した．）

(16) *Wegen dem Hund* fuhr er nicht in Urlaub. （犬がいるので彼は休暇旅行に行かなかった．）

(17) *Unfern* dem Bahnübergang kam es zu einem schweren Verkehrsunfall. （踏み切りから遠くないところで重大な事故が起きた．）

この他に，名詞の格標示との関連で3格支配になる場合がある．

1．名詞に冠詞類も付加語形容詞も付かないため，複数2格が複数1・4格と区別がつかないので3格にする場合．

statt *Eiern*（卵の代わりに）/innerhalb *fünf Monaten*（5ヶ月以内に）/der Preis für die Mahlzeiten ausschließlich 〈abzüglich〉 *Getränken*（飲み物を除く食事の値段）/während *fünf Jahren*（5年の間）/mangels *Beweisen*（証拠不十分で）/anstatt *Geschenken*（贈り物の代わりに）/dank *Fortschritten* der Wissenschaft（学問の進歩のおかげで）

2．男性・中性2格の強変化語尾 -s の連続を避けるために片方を3格にする場合．

statt *dem Hut* des Mannes（その男の帽子の代わりに）/laut *dem Bericht* des Ministers（大臣の報告によると）/während meines Freundes *aufschlussreichem Vortrag*（友人の啓発的な講演の間）/innerhalb Karls *schönem Hause*（カールのすてきな家の内部で）/längs Mannheims *schönem Rheinufer*（マンハイムの美しいライン河岸に沿って）

3.2.4.2. 3格支配
3.2.4.2.1. 主な前置詞

3格支配の前置詞は約30個あるが，使用頻度が高いのはその内の10個ほどである．以下，用例を挙げながら，それぞれの主な意味と用法を記述する．

1．**ab**　ab＋3格は，（1）では空間的な**出発点**，（2）では事態や出来事が**開**

3.2. 前 置 詞

始する時点，(3)ではあることが当てはまる**最初の点**を表している．
（1） Die Fahrt kostet *ab* Bremen 100 Euro. （運賃はブレーメンから100ユーロだ．）
（2） *Ab* nächster Woche habe ich wieder mehr Zeit. （来週から私はまた時間に余裕ができる．）
（3） *ab* der nächsten Ausgabe（次の版から）/*ab* 100 Exemplaren（100個以上は）
なお，ab は 4 格と結び付くこともある：ab nächste Woche

2．**aus** （1）の aus は「**ある空間の中から（外へ）**」という意味を表している．この点で「ある空間の中に」という in と対称を成している．(2)は「危険」や「睡眠」などを抽象的な空間と捉え，その状態から脱することを表している．
（1） *aus* dem Zug steigen（列車から降りる）/das Buch *aus* dem Regal nehmen（本を本棚から取る）
（2） jemanden *aus* der Gefahr retten（ある人を危険から救う）/*aus* dem Schlaf erwachen（眠りから覚める）

また，(3)は集合を抽象的な空間と捉え「集合の中からの」というイメージで**所属**を表し，(4)は**時代**を抽象的な空間と捉えて「その時代（から）の」という意味を表している．(5)では状態の変化を抽象的なレベルでの移動と捉え，aus＋3 格が**変化前の状態**や**材料**を表している．たとえば「毛虫がきれいな蝶になる」は aus を用いて「毛虫からきれいな蝶が生じる」と捉えているのである．
（3） Nur einer *aus* der Klasse fehlt. （クラスの一人だけが欠席だ．）
（4） Möbel *aus* der Zeit um 1900（1900年頃の家具）/Ich kenne ihn *aus* der Schulzeit. （私は彼を学生時代から知っている．）
（5） *Aus* der Raupe wird ein schöner Schmetterling. （毛虫が美しい蝶になる）/Pullover *aus* reiner Wolle（純毛のセーター）

さらに，(6)の aus＋3 格は**理由や動機**を表している．
（6） etwas nur *aus* Spaß sagen（ある事をほんの冗談で言う）/Sie hat ihn *aus* Liebe geheiratet.（彼女は愛しているから彼と結婚したのだ．）

(7)に aus＋3 格と成句的に結び付く主な動詞を挙げておく．aus＋3 格は，(**a**)では**構成要素**を表し，(**b**)では推論などの**根拠**を表している．

（7）　**(a)**　aus ～ bestehen（～から成り立つ）/sich zusammensetzen（～から構成される）

　　　(b)　aus ～ folgen（～から推論される）/entnehmen（～から推測する・取り出す）/schließen（～から推論する）/ersehen（～から察知する）

3．**außer**　außer は（1）では**除外**，（2）では**追加**を表している．（3）ではある状態から外れていること（すなわち**抽象的な除外**）を表している．

（1）　Alle *außer* ihm waren da.　（彼以外は全員いた．）

（2）　*Außer* Gold wird auch Uran abgebaut.　（金の他にウランも採れる．）

（3）　*außer* Atem sein（息を切らしている）/*außer* Zweifel stehen（疑いの余地が無い）/*außer* sich sein（〈成句〉我を忘れている）

　結び付く動詞によっては，Ich geriet *außer* mich.（私は我を忘れた）のように4格と結び付くこともある．また，かつては *außer Landes* gehen（国を出る）のように2格と結び付くこともあった．

　außer には（4）のような**接続詞**としての用法もある．

（4）　Er geht täglich spazieren, *außer* wenn es regnet.　（彼は雨がふっている時以外は毎日散歩する．）

4．**bei**　（1）の bei は空間的な**近接**を表している．

（1）　Wir treffen uns *beim* Bahnhof.（私たちは駅の近くで会う．）/Motzen *bei* Berlin（ベルリン近郊のモッツェン）/*beim* Gepäck bleiben（荷物の傍にいる）/Ich habe kein Geld *bei* mir.（お金を持ち合わせていない．）/Er war auch *bei* den Demonstranten.（彼もデモ隊の中にいた．）

　（2）では空間的レベルからやや抽象的レベルに移行し，「人のところで」や「会社・団体で」というような**領域や領分**を表し，（3）ではさらに空間のイメージが薄れて「～については」という**該当範囲**を表している．

（2）　Ich wohne *bei* meiner Tante.（私は叔母の所に住んでいる．）/*beim* Bäcker Brot kaufen（パン屋でパンを買う）/*bei* einer Firma arbeiten（ある会社で働く）/ein Konto *bei* der Bank eröffnen（銀行に口座を開く）

（3）　Ich habe kein Glück *bei* den Frauen.（僕は女性に関しては運が悪い．）/*Bei* diesem Auto ist etwas mit der Bremse nicht in Ordnung.

3.2. 前 置 詞

（この車はブレーキが何か変だ．）

（4）では時間関係に転用され，出来事や動作との**同時性**や事態に**付帯する状況**を表し，（5）では**機会**や**条件**を表している．さらに（6）では all などと共に**認容表現**を作り「～であっても」という意味を表している．

(4) *bei* Tagesanbruch（夜明けに）/*Beim* Essen spricht man nicht.（食事中は話をしない．）/*bei* offenem Fenster schlafen（窓を開けたまま眠る）

(5) *bei* einem Unfall ums Leben kommen（事故の際に命を落とす）/*Bei* schönem Wetter machen wir eine Wanderung.（天気が良ければハイキングをする．）/*Bei* deinem Einkommen könntest du dir ein Haus leisten.（君の給料なら家も買えるだろう．）

(6) *Bei aller* Freundschaft, das geht zu weit.（いくら親密とは言え，それは行き過ぎだ．）

(4)～(6)の前置詞句と同じ意味を副文でも表すことができる．

　bei Tagesanbruch ＝ wenn der Tag anbricht
　bei schönem Wetter ＝ wenn das Wetter schön ist
　bei aller Freundschaft ＝ obwohl unsere Freundschaft so innig ist

bei は，an, auf, in などの3・4格支配の前置詞と同様，19世紀頃までは方向を表すときは4格とも結び付いた．H. Paul のドイツ語辞典には Filangieris kommen diese Tage bei mich zu Tische.（フィランギエリたちがここ数日私のところへ食事に来ている．）というゲーテの例などが挙げてある．今日でも，方言あるいは口語では Komm bei mich!（私のところへおいで．）や Die Fliegen gehen bei die Wurst!（ハエがソーセージにたかる．）のように4格と結び付くこともある．

5．**gegenüber**　gegenüber＋3格は，（1）では**向かい合う相手**，（2）では**比較の相手**，（3）では**対応する相手**を表している．

(1) Das Hotel steht direkt *gegenüber* dem Bahnhof.（ホテルは駅の真向かいにある．）

(2) *Gegenüber* dem vergangenen Jahr verdient er weniger.（去年と比べて彼は稼ぎが減った．）

(3) Mir *gegenüber* ist er sehr nett.（私に対して彼はとても親切だ．）

gegenüber は dem Bahnhof *gegenüber* のように後置されることもある．

また，人称代名詞と結び付くときは Er saß ihr *gegenüber*．（彼は彼女の向かいに座っていた．）のように常に後置される．

6．**mit**　（1）では mit の後の名詞が**付属するもの**あるいは**共に存在するもの**，すなわち「主―副」の「副」を表している．（2）の**道具**や**手段**も「主」である動作・行為に対して「副」の関係にあると捉えることができる．（3）の**付随する様態・意図・結果**も同様に考えられる．（4）では付随の意味が時間関係に転用されて，ある事態が**生起する時**を表している．

(1)　Tee *mit* Milch（ミルクティー）/ein Haus *mit* Garten（庭付きの家）/ein Glas *mit* Marmelade（ジャムの入ったガラス容器）/Die Übernachtung *mit* Frühstück kostet 60 Euro.（1泊朝食付きで60ユーロだ．）

(2)　*mit* Stäbchen essen（箸で食べる）/*mit* dem Bus zur Schule fahren（バスで学校に行く）

(3)　*mit* Vorsicht（慎重に）/*mit* Absicht（意図的に）/*mit* 130 km/h fahren（時速130キロで走る）/Ich habe die Prüfung *mit* Erfolg abgelegt．（私は試験を受けて合格した．＜試験を受けて成果を伴った）

(4)　*Mit* 25 (Jahren) hat sie geheiratet.（25歳で彼女は結婚した．）/*mit* Einbruch der Nacht（夜の始まりと共に）

また，(5)では**共同する相手**や**同調する相手**を，(6)では**対立する相手**や**同等の相手**を表している．

(5)　Sie reist *mit* ihrer Mutter nach Italien.（彼女はお母さんと一緒にイタリアへ旅行する．）/*mit* der Strömung schwimmen（流れの方向に泳ぐ）

(6)　*mit* dem Vater streiten（父親と口論する）/Ich habe das Zimmer *mit* ihm getauscht.（私は部屋を彼と取り替えた．）/Diese Eisenbahnlinie verbindet Köln *mit* Berlin.（この鉄道路線はケルンをベルリンと結んでいる．）

以下に，mit＋3格と成句的に結び付く主な動詞(7)及び形容詞(8)を挙げておく．これらの mit＋3格は，いずれも広い意味で**行為や態度の対象**を表している．日本語で考えると「～を…する」の「～を」に相当する場合が多い．

(7)　sich *mit* ～ beschäftigen（～に取り組む）/sich abmühen（～に苦労して取り組む）/sich beeilen（～を急ぐ）/zögern（～をためらう）/

anfangen（〜を始める）/aufhören（〜を終える）/angeben（〜を自慢する）/prahlen（〜をひけらかす）/rechnen（〜を見込む）/sich abfinden（〜で我慢する）

（8） mit 〜 zufrieden sein（〜に満足している）/einverstanden sein（〜に同意する）

　この他，den Wagen *mit* Steinen beladen（車に石を積む）や die Wand *mit* Bildern behängen（壁に絵を掛ける）のような構文でも「行為の対象」を mit＋3格で表す．

7．**nach**　（1）では**行先**や**方向**を表している．この用法で nach と結び付くのは，無冠詞の地名や方角，あるいは副詞などである．

（1）　Der Zug fährt *nach* Dresden.（この列車はドレスデンへ行く．）/Das Auto bog *nach* rechts ab.（車は右へ曲がった．）/Die Balkons gehen *nach* Süden.（ベランダは南向きだ．）

　移動軸を想定すれば，（1）には行先が「先」，列車や車が「後」という空間的な後先の関係が見て取れる．次の（2）では順序における「〜の後」，（3）では時間における「〜の後」，また（4）では時刻表現で「〜を過ぎて」という意味を表しているが，いずれも後先の関係に基づいているという点で（1）と共通している．

（2）　*Nach* Ihnen！（どうぞお先に．＜私はあなたの後に＞）/*Nach* Erfurt kommt Gotha.（エアフルトの次はゴータだ．）/*Nach* Goethe ist Schiller wohl der bekannteste deutsche Dichter.（ゲーテの次はシラーが最も有名なドイツの詩人だろう．）

（3）　*Nach* dem Streit haben wir uns wieder versöhnt.（喧嘩の後，私たちは元のように仲直りした．）/*Nach* zwei Stunden war er zurück.（2時間後に彼は戻ってきた．）/drei Tage *nach* dem Unfall（事故の3日後に）

（4）　zehn〈Viertel〉*nach* vier（4時10分〈15分〉過ぎ）

　nach＋3格は，（5）では**準拠の拠り所**や**基準**を，（6）では**発言や判断の根拠**を表している．これらも空間的な後先が「〜に従って」という意味に転じたと考えることができる．いずれの用法でも nach が後置されることがある．

（5）　*nach* Vorschrift vorgehen（規則通りに進める）/sich der Größe *nach* aufstellen（身長順に整列する）

（6） meiner Meinung *nach*〈*nach* meiner Meinung〉（私の考えでは）/allem Anschein *nach*（どう見ても）/Seinem Akzent *nach* stammt er wohl aus Bayern.（アクセントからすると彼はバイエルン出身だろう．）

nach＋3格と成句的に結び付く主な動詞を（7）に挙げる．nach＋3格は，(**a**)では求める対象，(**b**)では問合せの対象，(**c**)では匂いや味などを表している．

（7） (a) nach 〜 suchen（〜を探す）/graben（掘って〜を採る）/greifen（〜を摑もうとする）/sich sehnen（〜に憧れる）/schicken（〜を呼びに行かせる）

(b) sich nach 〜 erkundigen（〜のことを問い合わせる）/fragen（〜のことを尋ねる）

(c) nach 〜 riechen（〜の匂いがする）/schmecken（〜の味がする）/aussehen（〜のように見える）

8．**seit** seitは過去のある時点から**現在までの継続**を表す．

（1） *Seit* dem Unfall geht er an Krücken.（事故以来，彼は松葉杖をついて歩いている．）/Wir wohnen hier *seit* 6 Jahren.（私達は6年前からここに住んでいる．）/*Seit* der Operation habe ich nicht mehr geraucht.（手術以来私は喫煙したことがない．）

seitと結び付く名詞は，(a) seit dem *Unfall* のように過去のある時点での出来事を表すものと(b) seit 6 *Jahren* のように過去から現在に至る時間の長さを表すものの二つのタイプがある．その他に，seit gestern のように副詞とも結び付く．

9．**von** von＋3格は，（1）では**動きの起点**を表している．三つ目の例文では，目を上へ向ける際の目の位置を「動きの起点」と解釈していると言えるだろう．（2）では**広がりの起点**や出来事の開始時点を，（3）では授受の起点である**送り手**や動作の起点である**動作主**を表している．

（1） *von* München nach Berlin fahren（ミュンヒェンからベルリンへ行く）/Der Wind riss ihm den Hut *vom* Kopf.（風が彼の頭から帽子を剝ぎ取った．）/Die Katze sah *von* unten zu dem Spatz hinauf.（猫が下から雀を見上げていた．）

（2） Der Wald erstreckt sich *von* hier bis zum Fluss.（森はここから川まで広がっている．）/Das Büro ist *von* 12 bis 13 Uhr geschlossen.

3.2. 前 置 詞

（オフィスは12時から13時まで閉まっている．）
（３）　Ich habe *von* meiner Mutter einen Brief bekommen.（私は母から手紙をもらった．）/Die Schülerin wurde *vom* Lehrer getadelt.（女生徒は先生にしかられた．）
起点や開始点を表すvonは後ろにab, an, ausなどの副詞を伴うことがある．これは，以下のように，対を成す到達点や終了点の表示を伴わない場合に多く見られる．　*Von* hier *an* geht es steil aufwärts.（ここからは急な登りだ．）/Er musste *von* Jugend *an* schwer arbeiten.（彼は若いときから重労働をしなければならなかった．）/*Von* hier *aus* kann man den Berg nicht sehen.（ここからその山は見えない．）/Lesen Sie bitte den Text *von* hier *ab*！（文章をここから読んでください．）/*Von* morgen *ab* rauche ich nicht mehr.（明日からはもう喫煙しない．）

次の（４）では**原因**を，（５）では**作者**や広義の**所有者**を表しているが，それぞれ「事態や状況の起点」あるいは「作品の起点」と考えることができる．また，（６）では「間違い（Fehler）」が「私から」生じている，及び「親切な（nett）行為」が「君から」生じているという関係が表されている．（３）の第２例にも同じ関係が見て取れる．
（４）　Ich bin müde *von* der schweren Arbeit.（私はきつい仕事で疲れている．）/Sie war *von* der Sonne gebräunt.（彼女は日焼けしていた．）
（５）　ein Gemälde *von* Gogh（ゴッホの絵）/ein Freund *von* mir（私の友達の１人）/Sie ist Mutter *von* drei Kindern.（彼女は３人の子供の母親だ．）
（６）　Es war ein Fehler *von* mir（それは私の間違いだった．）/Das ist sehr nett *von* dir.（それはご親切にありがとう．＜それは君の親切な行為だ）

（７）のvon＋３格は全体と部分の関係における**全体**(つまり部分が由来する起点）を，（８）は**話題**（つまり話の起点）を表している．
（７）　ein Stück *von* dem Kuchen abschneiden（ケーキを一切れ切り取る）/Ich habe die Hälfte *von* der Flasche getrunken.（私はボトル半分飲んだ．）/Jeder *von* uns kann helfen.（私たちの誰もが手伝うことができる．）
（８）　*von* einer Reise ausführlich berichten（旅行のことを詳細に報告

する)/Er redet nur *von* Autos.（彼は車のことばかり話す.）/*Wovon* handelt das Buch?（その本は何のことが書いてあるの.）

　von＋3格は,（9）では**属性**を表す形容詞のような働きを,（10）では**同格的**な働きをしている.（11）では**具体的な数値**を表している.

　（9）　ein Mann *von* kräftiger Statur（がっしりした体格の男性)/Die Entscheidung ist *von* besonderer Bedeutung.（その決定は特別重要だ.）

　（10）　Das ist ein Kunstwerk *von* einem Kleid.　（これはドレスの芸術作品だ.＜ドレスという芸術品）

　（11）　eine Reise *von* zwei Wochen（2週間の旅行)/Das Hotel hat eine Höhe *von* 100 Metern.（そのホテルは100メートルの高さがある.）

　von＋3格と成句的に結び付く動詞には次のようなものがある. von＋3格は(**a**)では**離脱や脱却**あるいは**背反**の対象,(**b**)では**阻止や阻害**の対象,(**c**)では**生活の糧**や**依存先**を表している.

　（12）　(**a**)　　jn. von 〜 befreien（人を〜から解放する)/sich erholen（〜から回復する)/sich distanzieren（〜から離れる)/sich unterscheiden（〜と異なる)/absehen（〜を度外視する)/sich abwenden（〜に背を向ける）

　　　　 (**b**)　　jn. von 〜 abbringen（人に〜をやめさせる)/jn. abhalten（人に〜をさせない)/jm. abraten（人に〜をやめるよう助言する）

　　　　 (**c**)　　von 〜 leben（〜で生活する)/sich ernähren（〜で生計を立てる)/abhängen（〜次第である）

10．zu　（1）の zu＋3格は**行先**や**行先での用件**を表している.（2）では空間関係から転用されて,「人を笑いに至らせる」や「第二の故郷になる」というような**抽象的な到達点**を表し,（3）では「行為の行先」である**目的**, **意図**を表している.

　（1）　*zum* Bahnhof〈*zur* Schule〉fahren（駅に〈学校に〉行く)/*zur* Post〈*zum* Arzt〉gehen（郵便局に〈医者に〉行く)/*zur* Sitzung eilen（急いで会議に行く)/Ich bin *zu* einer Party eingeladen.（私はパーティーに呼ばれている.）

　（2）　jn. *zum* Lachen〈Weinen〉bringen（人を笑わせる〈泣かせる〉)/Ich bin *zu* dem Ergebnis gekommen, dass ...（私は…という結果に

3.2. 前置詞

至った)/Wien ist *zu* seiner zweiten Heimat geworden.（ウィーンは彼の第二の故郷になった.）/*Zu* meinem Erstaunen kam sie auch zur Party.（驚いたことに彼女もパーティーに来た.）

(3)　Er verführt sie *zum* Trinken.（彼は彼女を飲みに誘う.）/*Zum* Lesen braucht er eine Brille.（読むために彼は眼鏡が要る.）/*zum* Spaß（冗談で）/*zu* Ihrer Information（お知らせしておきますが）

(4)は時間関係を表す用法で，**時期，時間帯，期限**などを表し，(5)は「昼食を取る＜昼に食べる」や「誕生日（という機会）に」などの**機会**を表している．

(4)　*zu* Weihnachten〈Ostern〉（クリスマス〈復活祭〉に）/*zu* Beginn der Woche（週の始めに）/*zu* jeder Zeit（何時でも）/das Manuskript spätestens *zum* Monatsende abgeben（原稿を遅くとも月末には提出する）

(5)　zu Mittag〈Abend〉essen（昼食〈夕食〉を取る）/Was schenkst du ihr *zum* Geburtstag?（彼女の誕生日に何を送るの.）

(6)の zu はあるものへの**相応関係**を表し，(7)では「曲と歌詞」というような**取合せ**や「2対0」のような**対立関係**を表している．

(6)　*Zu* Fisch trinkt man Weißwein.（魚料理には白ワインだ.）/Dieses Benehmen passt nicht *zu* dir.（この態度は君らしくない.）

(7)　den Text *zu* einer Melodie schreiben（曲の歌詞を書く）/Was sagst du *dazu*?（それについての君の言い分は？）/Das Endspiel endete zwei *zu* null.（決勝戦は2対0で終わった.）

zu＋3格は，(8)では**範囲や程度**，(9)では**量や価格**，(10)では**人数**を表している．また，(11)は成句的な用法である．

(8)　das Glas *zur* Hälfte füllen（グラスを半分まで満たす）/Es war *zum* Teil meine Schuld.（それは部分的には私の責任だ.）

(9)　Kanistern *zu* 50 Litern（50リットル入り容器）/Socken *zu* 3 Euro das Paar anbieten（靴下を一足3ユーロで売り出す）/die Reste des Sommers *zu* herabgesetzten Preisen kaufen（夏物の残りを値引き額で買う）

(10)　《序数詞と》 *Zu* zweit lebt man billiger als allein.（2人の方が1人よりも安く暮らせる.）/《名詞と》Sie waren *zu* Tausenden gekom-

men.（彼らは何千人でやって来た．）
(11)　*zu* Hause（家で〈に〉）/*zu* Lande（陸路で）/*zu* Wasser（水路で）/*zu* Fuß（徒歩で）/*zu* Pferd（馬で）/*zu* Schiff（船で）/Hotel *zur* Linde（ホテル菩提樹〈店名〉）

zu＋3格と成句的に結び付く動詞には次のようなものがある．zu の後の名詞は，**(a)** では「部分―全体」の関係における**全体を**，**(b)** では**させる行為や促す行為**を表している．

(12)　**(a)**　zu ～ gehören（～に属する）/rechnen〈zählen〉（～に数えられる）/beitragen（～に寄与する）
　　　(b)　jn. zu ～ überreden（人に～するよう説得する）/jn. veranlassen（人に～をさせる）/jn. zwingen（人に～を強いる）/jm. raten（人に～するよう助言する）/sich entschließen（～の決心をする）

3.2.4.2.2.　その他の前置詞

3.2.4.2.1. に挙げた他にも，以下のような3格支配の前置詞がある．

1．**binnen**：*binnen* drei Jahren（3年以内に）/*binnen* kurzem（近い内に）．2格を支配することもある：*binnen* weniger Augenblicke（わずかの間に）
2．**dank**：*dank* einem Zufall（偶然のお蔭で）．2格を支配することもある：*dank* eines Zufalls
3．**entgegen**：*entgegen* meinem Wunsch（私の望みに反して）．後置も可能：meinem Wunsch *entgegen*
4．**entsprechend**：Sie wird *entsprechend* ihrer Qualifikation bezahlt.（彼女は能力に合った給料をもらっている．）/*entsprechend* meinem Vor-schlag（私の提案に従って）．後置も可能．後置の場合は現在分詞の用法と考えることもできるので，コンマで区切ることがある．Meinem Vorschlag *entsprechend*［,］wurde das Haus verkauft．（私の提案に従って家が売却された．）
5．**fern**：*fern* der Heimat leben（《書き言葉》故郷から遠く離れて暮らす）
6．**gemäß**：Er handelte ihrem Vorschlag *gemäß*．（《書き言葉》彼は彼女の提案に従って行動した．）たいていは後置される．
7．**getreu**：*getreu* seinem Versprechen handeln（《書き言葉》約束通りに行動する）．後置も可能：seinem Versprechen *getreu*

8．**gleich**：Die Sonne ging *gleich* einem roten Ball unter. （《書き言葉》太陽が赤い球のように沈んだ。）後置も可能：Die Sonne ging einem roten Ball *gleich* unter.
9．**mitsamt**：Er kam *mitsamt* der ganzen Familie. （彼は家族全員を連れて来た。）
10．**nächst**：*Nächst* der Umweltverschmutzung ist die Überbevölkerung das größte Problem. （《書き言葉》環境汚染に次いで人口過剰が最大の問題だ。）
11．**nahe**：Ich wohne *nahe* der Universität. （《書き言葉》私は大学の近くに住んでいる。）
12．**nebst**：ein PC *nebst* Monitor, Drucker und Software （《書き言葉》コンピューターとモニター，プリンター，ソフトウェアー一式）
13．**samt**：sein Auto *samt* Zubehör verkaufen （車を付属品一式付けて売る）
14．**zufolge**：Dem Zeugen *zufolge* hatte der Fahrer keine Schuld. （証人によればドライバーには責任がない。）/Seinem Wunsch *zufolge* gingen wir im Wald spazieren. （彼の望み通りに私たちは森を散歩した。）通常は後置されるが，前置されて2格支配になることもある．
15．**zuliebe**：Das hat er dir *zuliebe* getan. （それを彼は君のためにした。）後置される．
16．**zuwider**：Dem Versprechen *zuwider* kam er nicht. （約束に反して，彼は来なかった。）後置される．

3.2.4.3.　4格支配
3.2.4.3.1.　主な前置詞
　4格支配の前置詞は約15個あるが，比較的頻度が高いのはその内の6個だけである．
1．**bis**（1）では継続事態の**終止時点**を，（2）では行為の**完了時点**を表している．それぞれ(a)は bis 単独で，(b)は他の前置詞と共に用いられている．
　（1）　(a)　Ich warte *bis* Sonntag. （私は日曜日まで待つ。）/*Bis* heute Vormittag habe ich noch nichts gehört. （今日の昼前まではまだ何も聞いていなかった。＜「何も聞いていない」という事態が今日の昼前ま

— 87 —

で続いた）/ *Bis* nächste Woche！（また来週！＜来週までの別れ＞/*Bis* bald ⟨Montag⟩！（また後で⟨月曜日に⟩！）

  (b) *bis zum* Montag（月曜まで）/*bis in* die Nacht hinein（夜中まで）/ *bis vor* einem Jahr（1年前まで）/*bis vor* kurzem（少し前まで）

(2) **(a)** *Bis* Ende März wird die Dissertation fertig sein.（3月末までには博士論文が完成しているだろう．）

  (b) *Bis zum* Januar haben wir alle Prüfungen schon hinter uns.（1月までに私たちはすべての試験を終えている．）

(3)では**到達地点**，(4)では**上限や限界**を表している．それぞれ**(a)**は bis 単独で，**(b)**は他の前置詞と共に ― ただし(4)は bis zu という組合せで ― 用いられている．(5)は bis auf ＋ 4 格という組合せで「**最後の一つまで**」という意味を表すが，最後の一つを除く場合と最後の一つを含む場合がある．

(3) **(a)** Dieser Zug fährt nur *bis* Ulm.（この列車はウルムまでしか行かない．）/*Bis* dahin sind es nur noch 3 km.（そこまではあとわずか3キロだ．）

  (b) *bis nach* Bonn（ボンまで）/*bis zum* Tor（門まで）/*bis vor* das Hotel（ホテルの前まで）/*bis ins* Haus（家の中まで）/*bis zum* Wald（森まで）/ *bis an* die Knie（膝まで）

(4) **(a)** Solche Computer kosten 1500 *bis* 2000 Euro.（このようなコンピューターは1500から2000ユーロの値段だ．）/Morgen wird das Wetter heiter *bis* wolkig.（明日の天気は晴れないし曇りでしょう．）

  (b) Städte *bis zu* 50 000 Einwohnern（人口5万人までの市）/Jugendliche *bis zu* 18 Jahren（18歳までの若者）/*bis zur* Erschöpfung arbeiten（疲労困憊するまで働く）

(5) *Bis auf* zwei haben alle Schüler die Prüfung bestanden.（二人を除く全生徒が試験に受かった．）/Der Saal war *bis auf* den letzten Platz besetzt.（ホールは最後の席まで埋まっていた．）

上の例に見られるように，bis は他の前置詞の前に置かれて「～まで」という意味を添えるために用いられることが多い．この場合，名詞の格は bis の後の前置詞によって決められる．たとえば，bis *vor* einem Jahr（1年前まで）では，vor は時を表すので3格支配，bis *vor* das Hotel（ホテルの前まで）

3.2. 前 置 詞

では，vor は方向を表すので4格支配になっている．

　bis が単独の前置詞として用いられるときは bis nächsten Sonntag（次の日曜日まで）のように4格支配だが，実際には bis Wien（ウィーンまで）のように名詞の格が明示されない場合や，bis heute（今日まで）あるいは bis hierher（ここまで）のように副詞と結び付く場合が多い．また Städte von 20 000 bis 100 000 Einwohnern（人口2万から10万の都市）のように，数詞と数詞の間で「ないし」という意味を表す bis には格支配は見られない．

　このように，bis は特定の格を支配しているとは認めがたいということから，bis を前置詞ではなく接続詞に分類する考え方や，ab などと共に「格支配のない前置詞」として別グループに括る考え方もある．

2．durch　durch＋4格は，(1)では**横断・通過する空間**を表している．(2)でも通過する空間を表しているが，空間の境界よりも「ぬかるみ」「空気」など，空間を占める実質に目を向けていると言える．(3)では**貫通・透過する対象**を表している．(4)の durch は空間の通過ではなく，「貫通」が「貫徹」へと転じて空間を隈なく，つまり**「空間を縦横に」**あるいは**「空間全域を」**という意味を表している．

(1)　*durch* den Ärmelkanal schwimmen（ドーバー海峡を泳いで渡る）/ von Deutschland *durch* Frankreich nach Spanien fahren（ドイツからフランスを横断してスペインへ行く）/ *durch* das Stadttor gehen（市門を通る）

(2)　das Fahrrad *durch* den Schlamm schieben（自転車をぬかるみの中を押していく）/ Vögel fliegen *durch* die Luft.（鳥が空中を飛ぶ．）

(3)　*durch* die Nase atmen（鼻で息をする）/ ein Loch *durch* das Brett bohren（板に穴を開ける）/ Man hörte den Fernseher *durch* die Wand hindurch.（テレビの音が壁を通して聞こえた．）

(4)　*durch* die Stadt bummeln（町中を散歩する）/ Die Stimmen klangen *durch* das ganze Haus.（声が家中に響いた．）

　(5)の durch は「**期間を通して**」という意味を表しているが，4格の die ganze Nacht だけでも副詞規定詞として通用するので，後置された durch は意味を明確にするために添えられた副詞と見なすこともできる．

(5)　Die ganze Nacht *durch* hat sie pausenlos geredet.（一晩中彼女は休みなしに語り続けた．）/ Den Winter *durch* hat er sich auf die

Prüfung vorbereitet.（冬の間ずうっと彼は試験の準備をしていた。）

durch＋4格は，（6）では**道具や手段**，（7）では**原因や理由**，（8）では**仲介者や実行者**を表している．いずれの場合も空間的な「〜を通って」から非空間的な「〜を使って」，「〜によって」，「〜を介して」に転用されたと考えることができる．

(6) Der Flugzeugträger wurde *durch* einen Torpedo versenkt.（空母は魚雷で沈められた。）/die Glocke *durch* Ziehen an einem Strang läuten（綱を引いて鐘を鳴らす）/den Gesichtskreis *durch* Reisen erweitern（旅行を通じて視野を広げる）

(7) *Durch* den Erdrutsch wurde die Straße unpassierbar.（土砂崩れにより道路が通行不能になった。）/*Durch* ihre Romane ist sie berühmt geworden.（彼女は小説によって有名になった。）

(8) *durch* einen Freund Eintrittskarten bekommen（友達を通して入場券を入手する）/Die Brücke wurde *durch* Pioniere gesprengt.（橋は工兵によって爆破された。）

(8)の第2例では von ではなく durch を用いることにより「工兵」はあくまでも実行者であり，爆破を命令した人物は別にいるということが含意されている．

durch＋4格が動詞と成句的に結び付く例として取り立てて挙げねばならないものは殆んどない．(9)の例などは，durch＋4格が動詞と成句的に結び付く例として挙げられることが多いが，(6)や(7)の用法の一つと見なすことができる．

(9) A *durch* B ersetzen（AをBと取り替える）/A *durch* B teilen〈dividieren〉（AをBで割る）/sich durch 〜 unterscheiden（〜で異なる）

3．**für**　für＋4格は，(1)では**目的や目当て**を表し，(2)では**用途**あるいは**対策の対象**を表している．(2)で für と結び付く名詞は「咳」や「喉の渇き」のように「解消されるべきもの」となっているのが特徴である．

(1) *für* ein Auto sparen（車のために貯金する）/Institut *für* Kernphysik（核物理学研究所）/ein Lehrbuch *für* Anfänger（初心者向けの教科書）/Ist Post *für* mich da？（私宛の郵便物はありますか。）

(2) ein Mittel *für* den Husten（《口語》咳のための薬）/Bier ist gut *für*

den Durst.（喉の渇きにはビールが良い．）

（3）では優先・賛同の対象や受益者を，（4）では代理の相手や交換の対象を表している．

（3）　sich *für* einen Kandidaten entscheiden（ある候補者に決める）/*für* den Vorschlag stimmen（提案に賛成の投票をする）/*für* die Gleichberechtigung plädieren（男女同権を支持する）

（4）　*für* den Chef an der Sitzung teilnehmen（上司の代理で会議に出る）/*für* zwei arbeiten（2人分働く）/*für* den defekten Motor einen neuen einbauen（故障したエンジンに代えて新しいのを入れる）/Er hat sich ein Auto *für* 5000 Euro gekauft.（彼は車を5000ユーロで買った．）

時間関係の用法の（5）では，für＋4格が予定の日時・期間を表している．

（5）　Die Tagung ist *für* nächsten Samstag geplant.（会議は次の土曜日に予定されている．）/den Patienten *für* 3 Uhr vormerken（患者の予約を3時に入れる）/ein Zimmer *für* ein Jahr mieten（部屋を1年の予定で借りる）/Machen wir Schluss *für* heute！（今日はこれで終わりにしよう．）

（6）では「～にとって」「～にしては」という評価の基準を，（7）では「～だと（判断する）」というような判断の内容を，（8）では理由を表している．

（6）　Die Nachricht enthielt *für* ihn nichts Neues.（その報せは彼にとって何も新しいことを含んでいなかった．）/*Für* einen Anfänger spricht er ausgezeichnet Deutsch.（初心者にしては彼は素晴らしいドイツ語を話す．）

（7）　ihn *für* einen guten Freund halten（彼を親友だと思う）/etwas *für* seine Pflicht ansehen（あることを自分の義務だと見なす）/die Ehe *für* ungültig erklären（婚姻を無効だと宣言する）

（8）　Er ist *für* seinen Fleiß bekannt.（彼は勤勉さで知られている．）/Der Filmstar wurde *für* den Mord bestraft.（その映画スターは殺人で罰せられた．）/für ～ danken〈sich bedanken〉（～のことで感謝する）/sich für ～ entschuldigen（～のことで謝罪する）/sich für ～ schämen（～のことで恥じ入る）

（9）は成句であり，für を挟んで同じ名詞をくり返したものが多い．

（9）　*für* sich（独りで）/Tag *für* Tag（来る日も来る日も）/Schritt *für* Schritt（一歩一歩）/Wort *für* Wort（一語一語）

最後に，*für*＋4格と成句的に結び付く動詞を挙げておく．*für*＋4格は(**a**)では関心の対象を，(**b**)では責任を持つ対象を表している．

　（10）　(**a**)　sich für ～ interessieren（～に興味がある）/sich begeistern（～に夢中である）

　　　　(**b**)　für ～ sorgen（～の世話をする，～を手配する）/aufkommen（～の費用を負担する）/bürgen〈garantieren〉（～を保証する）/haften（～の責任を取る）

4．gegen　gegen＋4格は，（1）では動きが**向かう対象**や**向き**を，（2）では動きが**逆らう対象**を表している．（2）の第2例には非空間関係への転用が見られ，（3）の**対抗・反対する対象**を表す用法へと繋がっていることが見て取れる．

　　（1）　Das Auto prallte *gegen* den Baum.（車は木に衝突した．）/ein Dia *gegen* das Licht halten（スライドを光にかざす）/mit dem Rücken *gegen* den Wind stehen（風に背を向けて立っている）

　　（2）　*gegen* den Wind fahren（向い風で走る）/*gegen* alle Vernunft handeln（全く非常識に行動する＜すべての理性に逆らって行動する）

　　（3）　*gegen* den Rassismus protestieren（人種差別に抗議する）/*gegen* den Vorschlag stimmen（提案に反対の投票をする）/ein Mittel *gegen* Kopfschmerzen（頭痛の薬＜頭痛に対する薬）

（4）では**態度の目当て**や**反応の相手**を表し，（5）では**比較の対象**，（6）では**交換の対象**を表している．

　　（4）　Er ist misstrauisch *gegen* mich.（彼は私に対して懐疑的だ．）/Sie ist allergisch *gegen* Physik.（彼女は物理アレルギーだ．）

　　（5）　*Gegen* mich ist er ein Riese. （僕と比べたら彼は巨人だ．）

　　（6）　den Fernseher *gegen* ein Fahrrad tauschen（テレビを自転車と交換する）/Diese Arznei ist nur *gegen* Rezept zu erhalten.（この薬は処方箋と交換でのみ入手できる．）/*gegen* Barzahlung（現金払いで）

（7）では gegen は**大体の時**を表している．

　　（7）　Ich bin *gegen* vier Uhr wieder da.（私は4時頃にまた来ます．）/*Gegen* Morgen schlafe ich schlecht.（明け方私は眠りが浅くなる．）

3.2. 前　置　詞

　gegen＋4格が動詞と成句的に結び付く例として文法書に挙げられている sich gegen ～ erheben（～に対して蜂起する）や sich gegen ～ auflehnen（～に反抗する）などの多くは，（3）の対抗・反対する対象を表す用法に分類できる．

5．**ohne**　ohne は**欠如**を表す．（2）は ohne weiteres で「問題なく」「簡単に」という意味の成句である．

　（1）　Ich trinke Kaffee *ohne* Zucker.（私はコーヒーを砂糖なしで飲む．）/ Er ging *ohne* Regenschirm aus.（彼は傘を持たずに出かけた．）/Sie ist *ohne* ihren Mann zur Party gekommen.（彼女は夫を伴わずにパーティーに来た．）/Keine Regel *ohne* Ausnahme.（例外の無い規則はない．）

　（2）　Keine Sorge, ich kann *ohne weiteres* auf dem Sofa schlafen.（ご心配なく，私はソファーで問題なく眠れます．）/Das würde ich nicht so *ohne weiteres* glauben.（そんなこと，そう簡単には信じられないよ．）

　この他に，Dieser Wein ist nicht *ohne*.（このワインはそんなに弱くない＝アルコール度が低くない）や Eine Grippe ist gar nicht so *ohne*.（流感は軽く見てはいけない．）などの副詞としての用法もある．

6．**um**　（1）の um は「**周囲に**」という空間関係を表している．(a)のようにある対象を取り囲むという場合も，(b)のようにある対象の周りを一周するという場合もある．(c)の「角を曲がる」は周回の一部分と見なすことができる．(d)では um sich で「（自分の）周り」という意味を表している．

　（1）　**(a)**　　Wir saßen alle *um* den Tisch.（私たちは皆テーブルの周りに座っていた．）/*Um* die Burg läuft ein Graben.（城の周りには堀が巡らせてある．）

　　　　(b)　　*um* den See (herum) laufen（湖を一周する）/Die Erde kreist *um* die Sonne.（地球は太陽の周りを回っている．）

　　　　(c)　　Ein Auto bog *um* die Ecke.　（1台の車が角を曲がった．）

　　　　(d)　　nervös *um* sich schauen（神経質そうに周りを見る）/Das Feuer griff rasch *um* sich.（炎がすばやく周りに広がった．）

　（2）の um＋4格は**正確な時刻**や**大よその時期**を表している．時刻でも herum を伴うと大よその時刻となる．

（２）Die Vorlesung beginnt *um* neun Uhr.（講義は９時に始まる．）/Ich komme *um* vier herum zurück.（私は４時頃に戻ります．）/*Um* Weihnachten (herum) schneite es das erste Mal.（クリスマス頃に初雪が降った．）

（３）では**較差**を，（４）では**等価物**を表している．（５）は um を挟んで同じ名詞をくり返した成句である．

　（３）　Tobias ist *um* einen Kopf größer als seine Mitschüler.（トービアスは同級生よりも頭一つ大きい．）/Die Temperatur stieg *um* 10 Grad.（気温が10度上がった．）

　（４）　einen Blumentopf *um* 2 Euro kaufen（植木鉢を２ユーロで買う）/Auge *um* Auge, Zahn *um* Zahn.（目には目を，歯に歯を．）

　（５）　Stunde *um* Stunde verging.（時間が刻一刻と過ぎた．）/Schritt *um* Schritt geht es vorwärts.（一歩一歩前進する．）/Wir haben einen Fehler *um* den anderen gemacht.（私たちは失敗を次々と繰り返した．）

um＋４格と成句的に結び付く動詞には次のようなものがある．(a)は**気遣う対象**を，(b)は**求める対象**を，(c)は**非所有物・喪失の対象**を，(d)は**話題・主題**を表している．

　（６）　**(a)**　sich um 〜 ängstigen（〜を気遣う）/sich sorgen（〜を心配する）/sich kümmern（〜を気に掛ける）

　　　　(b)　sich um 〜 bemühen（〜を得ようと努力する）/sich bewerben（〜に応募する）/jn. bitten（人に〜を頼む）/jn. flehen（人に〜を嘆願する）/kämpfen（〜を求めて戦う）/wetten（〜について賭ける）

　　　　(c)　jn. um 〜 beneiden（人の〜を羨む）/klagen（〜の喪失を嘆く）/weinen（〜の喪失を泣く）

　　　　(d)　es dreht sich um 〜 （〜が話題になる）/es handelt sich〈es geht〉um 〜 （〜が問題である）/um 〜 wissen（〜について知っている）

なお，Die Fahrt nach Berlin kostet so *um* 100 Euro herum.（ベルリンまでの運賃は約100ユーロだ．）や Er ist um (die) 60 herum.（彼は60歳ぐらいだろう．）などの**概数**を表す用法の um は副詞とされている．

3.2.4.3.2. その他の前置詞

上に挙げた他に，以下のような4格支配の前置詞がある．

1．**à**：10 Briefmarken *à* 80 Cent（80セントの切手10枚）/10 Dosen *à* einen halben Liter．（0.5リットルの缶10個）
2．**entlang**：Den Weg *entlang* 〈*Entlang* dem Weg〉lief ein Zaun．（道に沿って垣があった．）．entlang は後置される場合は den Weg entlang のように4格支配，前置される場合は entlang dem Weg のように3格支配となり，まれに2格支配も見られる．他に an der Straße entlang（通りに沿って）のように an＋3格＋entlang という組合せでも用いられる．この場合の entlang は前置詞ではなく副詞と見なされる．
3．**gen**：Die Vögel fliegen *gen* Norden．（《古語》鳥たちが北へ飛んでいく．）
4．**kontra**〈**contra**〉：In dem Prozess geht es um Meyer *kontra* Schmidt．（これはマイヤー対シュミットの裁判です．）/Kommentare *kontra* doppelte Staatsbürgerschaft（二重国籍に反対の論評）
5．**per**：［手段］*per* Luftpost（航空便で）/*per* Anhalter（ヒッチハイクで）/*per* Scheck zahlen（小切手で払う）/［単位］fünf Euro *per* Stück（一つ5ユーロ）/3000 Umdrehungen *per* Minute（1分間3000回転）/［期限］*per* 31. Dezember（12月31日付けで）．無冠詞で用いられる．主に書き言葉で使われるが，Er ist mit dem Chef *per* du．（彼はチーフと du で話す間柄だ．）などは日常語でも使われる．
6．**pro**：5 Euro *pro* Person（1人当り5ユーロ）/*pro* Stunde 20 Euro verdienen（1時間に20ユーロ稼ぐ）/einmal *pro* Woche（週に一度）．無冠詞で用いられる．
7．**via**：*via* Paris nach Tokyo fliegen（パリ経由で東京へ飛ぶ）/*via* Internet（インターネット経由で）
8．**wider**：*wider* die Vorschrift handeln（規則に反した行動をとる）/*wider* Erwarten（期待に反して）

3.2.4.4. 3・4格支配
3.2.4.4.1. 3格支配と4格支配の使い分け

an, auf, hinter, in, neben, über, unter, vor, zwischen の9個の前置詞は場

所を表すときは3格支配，**方向**を表すときは4格支配となる．

（1）　Die Uhr hängt *an der Wand*．（時計は壁に掛かっている：場所）
（2）　Er hängt die Uhr *an die Wand*．（彼は時計を壁に掛ける：方向）
（3）　Der Ball lag *unter dem Tisch*．（ボールは机の下に転がっていた：場所）
（4）　Der Ball rollte *unter den Tisch*．（ボールは机の下へ転がった：方向）

「場所」は事物が静止している場合とは限らない．事物が動いてもそれが一定の空間内での動きならば「運動の場所」と見なされ，3格支配になる．

（5）　Die Kinder laufen *im Garten* herum．（子供たちは庭で走り回る：場所）
（6）　Die Kinder rudern *am Ufer*．（子供たちは岸辺でボートを漕ぐ：場所）

（5）では「走り回る」という動きが「庭の中」という一定の空間内に留まっている．（6）でも，漕げばボートは動くが，ボートが「岸の近く」という一定の空間から外に出ることはない．

また，「方向」と言っても，対象物が現実に移動しているとは限らない．

（7）　Der Weg führt durch die Wüste *ans Meer*．（道は砂漠を通って海まで通じている．）
（8）　Die Haare hingen ihm *ins Gesicht*．（彼は髪の毛が顔に掛かっていた．）
（9）　Sie sieht *in den Spiegel*．（彼女は鏡を覗き込む．）

（7）では，「道」そのものは動かないが，道を通って行けば海まで行けるので「海へ」は「潜在的な移動の方向」と考えられる．（8）も「髪の毛」は静止していても，頭から顔へ向かって垂れ下がる様子を髪の毛の「動き」と見なすことができる．（9）も鏡の中へと向かう視線の動きと考えられる．

さらに，次の(10)と(11)のような4格支配にも注意する必要がある．

(10)　Er schreibt seine Adresse *auf den Zettel*．（彼は住所をその紙片に書く．）
(11)　Die Kinder zeichnen Blumen *an die Wand*．（子供たちは壁に花を描く．）

「書く」や「描く」は，現実では紙や壁の面に接した動作だが，「住所」や

「花の絵」を（それ以外の場所から）紙や壁の面へ移動させるというイメージで「紙に」「壁に」は「方向」と捉えられている．

「場所」ならば3格支配,「方向」ならば4格支配というのは，基本的には空間関係を表す場合の使い分けだが，(12)と(13)のような時間関係を表す用法や，(14)と(15)のような状態を表す用法にも当てはまる場合がある．

(12) Der Überfall geschah *in der Nacht*. （襲撃は夜中に起きた．）
(13) Das Fest dauert bis *in die Nacht*. （祭は夜中まで続く．）
(14) Er befand sich *in großer Angst*. （彼はとても不安だった．）
(15) Er ist *in große Angst* geraten. （彼はとても不安になった．）

一方，方向性の有無というイメージが薄れると3格と4格の区別は見られなくなる．たとえば auf diese Weise と in dieser Weise はどちらも「この様にして」という同じ意味だが, auf は4格支配, in は3格支配となっている．「場所ならば3格，方向ならば4格」という原則が当てはまらない場合，全体的に, auf と über は4格と結び付き，その他は3格と結び付くという傾向が見られる．

3.2.4.4.2. 例外的な3格支配

日本語で考えると「方向」と思われるのに3格支配になる事例がある．
(16) Das Flugzeug landet *auf der Piste*. （飛行機が滑走路に着陸する．）
(17) Der Mond verschwand *hinter den Wolken*. （月が雲の後ろに隠れた．）

(16)では飛行機が滑走路に接近する動きよりも,「着陸」が成立する瞬間に焦点が合わされているので,「滑走路」は「方向」ではなく,「場所」として表されている. (17)も月が雲の背後へ動いていく過程よりも,「見えなくなる」という現象が成り立つ瞬間に焦点が合わされているので「雲の後ろ」が「場所」として表されている．

ただし，たとえば同じ verschwinden（見えなくなる）という動詞でも，移動の過程に特に目が向けられる場合には4格支配になることがある．
(18) ... , als er sich abwendet und über die Taborstraße *in den zweiten Bezirk* hinein verschwindet. （彼が向きを変えてタボーア通りを渡り第2地区の中へ姿を消すときに…）

以下，どのような動詞に，このような3格支配が見られるかを例示する．

A.「到着する」「腰をおろす」など

(19) Wir lassen uns *auf dem Sofa* nieder.（私たちはソファーに腰を下ろす．）

(20) Er sackt *auf dem Sitz* zusammen.（彼は座席にくずおれる．）

(21) Die Truppen sind *auf der Insel* gelandet.（軍隊が島に上陸した．）

類例：auf dem Marktplatz ankommen（中央広場に到着する）/am Ziel anlangen（目的地に到着する）/im Café einkehren（喫茶店に立ち寄る）/auf dem Flughafen eintreffen（空港に到着する）/auf dem Wasser niedergehen（(鳥が) 着水する）/auf der Sandbank stranden（浅瀬に座礁する）

B.「現れる」「集まる・集める」など

(22) Plötzlich tauchte ein Bär *vor mir* auf.（突然目の前に熊が現れた．）

(23) *In der Tür* erschien ein fremder Mann.（ドアに見知らぬ男が現れた．）

(24) Die Menschen liefen neugierig *auf dem Platz* zusammen.（人々は興味深げに広場に走り集まった．）

類例：auf der Bühne auftreten（舞台に登場する）/die Schülerschaft in der Aula versammeln（全生徒を講堂に集める）

C.「仕舞う」「隠す」「消える」など

(25) Er bewahrt das Geld *im Schrank* auf.（彼はお金を戸棚に仕舞う．）

(26) Sie tauchte *in der Menschenmenge* unter.（彼女は群集の中に消えた．）

(27) Die Maus verschwand *in ihrem/ihr Loch*.（ハツカネズミが穴に隠れた．）

類例：das Getreide in den Lagerhäusern speichern（穀物を倉庫に貯える）/die Kinder im Zimmer einsperren（子供を部屋に閉じ込める）/die Fahrräder im Keller abstellen（自転車を地下室に入れる）/den Wagen in der Garage unterstellen（車を車庫に置く）/die Dokumente

3.2. 前 置 詞

in der Schublade verwahren（文書を引き出しに保管する）/sich hinter einem Busch verstecken（灌木の陰に隠れる）/den Brief hinter dem Rücken verbergen（手紙を背中の後ろに隠す）/Bücher in der Schultasche verstauen（本をカバンに詰め込む）

D.「何かをどこかに付ける」など

(28) Sie näht einen Knopf *am/an den Mantel* an.（彼女はコートにボタンを縫い付ける。）

(29) Er bringt eine Lampe *an der/die Decke* an.（彼は照明を天井に取り付ける。）

(30) Er macht den Hund *an der Kette* fest.（彼は犬を鎖につなぐ。）
類例：an dem〈das〉Kleid eine Schleife anheften（ワンピースにリボンを縫い付ける）/eine Kopie an dem〈das〉Schreiben anklammern（コピーを手紙にクリップで添付する）/an der〈die〉Tür einen Zettel ankleben（ドアに紙片を貼り付ける）/eine Steckdose an der Wand anmontieren（コンセントを壁に取り付ける）/das Schild an der〈die〉Tür annageln（表札をドアに打ち付ける）/das Boot mit der Kette an einem Pfahl befestigen（ボートを鎖で杭につなぐ）/seinen Hund an einem Pfahl anbinden（犬を杭につなぐ）

E.「何かをどこかに置く」「植える」など

(31) Er legt *auf seinem Grundstück* Rattengift aus.（彼は敷地に殺鼠剤を置く。）

(32) Er setzt die Fische *in einem Teich* aus.（彼は魚を池に放す。）

(33) Sie pflanzt die Stecklinge *im/in den Topf* ein.（彼女は若枝を鉢に植え付ける。）
類例：die Geschenke auf dem Tisch aufbauen（プレゼントをテーブルに積み上げる）/die Waren im Schaufenster ausstellen（商品をショーウィンドウに陳列する）/Blumen auf dem〈das Beet〉pflanzen（花を花壇に植える）

G.「非意図的に何かをしてしまう」など

(34) Ich bin mit dem Rad *am Bordstein* angeeckt.（私は車輪を歩道の端にぶつけてしまった。）

(35) Ich habe mir den Daumen *in der Schublade* geklemmt.（私は親

指を引き出しに挟んでしまった．）

(36) Der Fuchs hat sich *im Tellereisen* gefangen.（狐が罠に掛かった．）

類例：auf dem Steilhang aufschlagen（急斜面に激突する）/sich an der Tischkante stoßen（テーブルの縁にぶつかる）/die Streichhölzer auf dem Boden verstreuen（マッチを床にばら撒く）/die Blumenvase auf dem Fußboden zerschmettern（花瓶を床に落として粉々にしてしまう）

3.2.4.4.3. 個々の前置詞

1．**an**　(1)の an は対象物への**近接・接近**を表している．これは an の最も基本的な意味である．

（1）［3格］Die Uhr hängt *an* der Wand.（時計は壁に掛かっている．）/die Ferien *am* Meer verbringen（休暇を海辺で過ごす）/*am* Turm vorbeigehen（塔の脇を通過する）/*an* den Rosen riechen（バラの香りを嗅ぐ）

　　　［4格］die Uhr *an* die Wand hängen（時計を壁に掛ける）/*ans* Meer fahren（海に行く）/Die Felder grenzen *an* die Autobahn.（畑は高速道路に接している．）

(2)の an＋3格は**日付，曜日，時間帯**を表している．

（2）［3格］am 2. April（4月2日に）/am Montag〈Wochenende〉（月曜日〈週末〉に）/am Vormittag〈Abend〉（午前中〈晩〉に）

以下の用法の an は，(7)を除けば，いずれも(1)の近接・接近の意味と容易に関連付けることができる．たとえば(3)では an＋3格が**手段・手がかり**を表すが，「声で判る＜声に接して判る」というように考えることができる．(4)は「少しずつ作業をして最後には完成させる」という**漸進的・部分的処理の対象**，(5)は**在職・在籍する学校**，(6)は**属性の担い手**，(7)は**量や存在を問題とする対象**を表している．いずれも3格支配である．

（3）［3格］Er wischt sich die Hände *an* einem Tuch ab.（彼は手を布で拭く．）/Ich habe ihn *an* der Stimme erkannt.（私は声で彼だとわかった．）

（4）［3格］Sie schreibt *an* ihrer Dissertation.（彼女は博士論文を書い

3.2. 前 置 詞

ている．)/*an* einem Pullover stricken（セーターを編む）

（5）［3格］Er ist Lehrer *an* einem Gymnasium.（彼はギムナジウムの先生だ．)/Sie studiert *an* einer Musikhochschule.（彼女は音楽大学で勉強している．）

（6）［3格］Das gefällt mir nicht *an* meinem Vater.（父のこの点が私には気に入らない．＜父に付着しているこの点が）

（7）［3格］Was haben Sie *an* Zeitungen?（新聞は何がありますか？）/Er ist reich *an* Erfahrungen.（彼は経験が豊富だ．)/Es fehlt *an* Lehrern.（教員が不足している．）

（8）は an を挟んで同じ名詞を繰り返した成句であるが，ここにも近接・接近の意味を見て取ることができる．

（8）　Wir wohnen Tür *an* Tür.(私たちは隣同士だ．＜ドアとドアが近接)/Kopf *an* Kopf stehen（密集して立っている＜頭と頭が接触）

（9）は an＋3格と成句的に結び付く主な動詞と形容詞である．an＋3格は (**a**) では**関与の対象**，(**b**) では**トラブルの相手**（つまりネガティブな関与の対象），(**c**) では**感情・気分の対象**を表している．(**d**) はその他である．

（9）　(**a**)　an ～ teilnehmen（～に参加する）/interessiert sein（～に関心がある）/schuld sein（～に責任がある）/hängen（～に執着する）/festhalten（～に固執する）

　　　(**b**)　sich an ～ rächen（～に復讐する）/sich reiben（～と摩擦を起こす）/sich stören（～が気に障る）/sich stoßen（～に反発する）

　　　(**c**)　sich an ～ erfreuen（～を楽しむ）/zweifeln（～を疑う）/verzweifeln（～に絶望する）/zerbrechen（～に打ちひしがれる）

　　　(**d**)　an ～ erkranken（～に罹る）/leiden（～に罹っている）/sterben（～で死ぬ）/liegen（～に原因がある）/hindern（～するのを妨げる）

(10)は an＋4格と成句的に結び付く動詞である．an＋4格は(**a**)では**宛て先**，(**b**)では**渡す相手**，(**c**)では**思考の対象**を表している．(**d**)はその他である．

(10)　(**a**)　etwas an ～ adressieren（…を～に宛てる）/schreiben（～に手紙を書く）/etwas schicken（…を～に送る）/appellieren（～に訴えかける）/sich wenden（～に相談を持ちかける）

　　　(**b**)　etwas an ～ vermieten（…を～に賃貸する）/etwas verkaufen（…を～に売る）/jn. verraten（裏切って…を～に売り渡す）/etwas verteilen（…を〜に分配する）

    (c) an 〜 denken（〜のことを考える）/sich erinnern（〜を思い出す）/glauben（〜を信じる）

    (d) sich an 〜 gewöhnen（〜に慣れる）/sich anpassen（〜に順応する）/sich halten（〜に従う）/sich machen（〜に取り掛かる）

また，am＋不定形＋sein で英語の進行形のように「ちょうど〜しているところだ」という意味を表す用法がある．

  (11) Ich bin gerade *am* Überlegen, ob ich das Buch kaufen soll.（《口語》私はその本を買うべきか，ちょうど考えているところだ．）

なお，「およそ」という意味の an［die］は副詞なので，後続の名詞の格を指定しない．たとえば An die zwanzig Bekannten bin ich begegnet.（およそ20人の知り合いに私は出会った．）の Bekannten は begegnen の目的語だから3格である．また，Gemeinden von an die 10 000 Einwohnern（人口およそ1万人の自治体）の Einwohnern は von に支配されて3格となっている．

2．auf （1）の auf はある物の**上面**に載っていること（または載ること）を表している．この面は「塔の上」のように高いところであっても良いし，「床の上」のように低いところであっても良い．

  （1） ［3格］Die Vase steht *auf* dem Tisch.（花瓶はテーブルの上にある．）/Er liegt *auf* dem Boden.（彼は床に横になっている．）

    ［4格］die Vase *auf* den Tisch stellen（花瓶をテーブルの上に置く）/*auf* einen Turm steigen（塔に登る）/Er fällt *auf* den Boden.（彼は床に倒れる．）/den Rucksack auf *den* Rücken nehmen（リュックサックを背負う）

auf＋3格は，（2）では「**公共機関で**」，（3）では「**催し・行事で**」，（4）では「**旅行中・滞在中**」という関係を表し，auf＋4格だとそれぞれの関係に「**移動先**」という意味が加わる．ただし（4）では4格だと出向く**用件**を表している．（2）から（4）へ移るにつれて「上面に載る」という空間関係が薄れてきているのがわかる．

  （2） ［3格］Geld *auf* der Bank haben（銀行に金を預けている）

    ［4格］*auf* die Post gehen（郵便局に行く）

  （3） ［3格］Wir haben uns *auf* einer Party kennen gelernt.（私たちはあるパーティーで知り合った．）

3.2. 前 置 詞

　　　［4格］*auf* eine Hochzeitsfeier gehen（結婚パーティーに行く）
（4）　［3格］*auf* Reisen sein（旅に出ている）/Er ist bei uns *auf* Besuch.（彼は我が家を訪れている．）

　　　［4格］sich *auf* die Suche nach einem Job machen（仕事を探しに行く）/sich *auf* ein Bier treffen（会ってビールを1杯飲む）

以下の用法ではいずれも4格と結び付き，（5）では**動きの目標**，（6）では**到達距離**，（7）では正確さや類似の**程度**を表している．

（5）　［4格］Er kam *auf* mich zu.（彼は私に向かってきた．）/*auf* die Hauptstadt vorrücken（首都へ進攻する）/*auf* jn. fluchen（人に悪態をつく）

（6）　［4格］Die Explosion war *auf* einige Kilometer zu hören.（爆発は数キロ先まで聞こえた．）

（7）　［4格］Das Flugzeug landete *auf* die Minute genau.（飛行機は分刻みの正確さで着陸した．）/Sie gleicht ihrer Mutter *aufs* Haar.（彼女は母親に実によく似ている．＜髪の毛にいたるまで似ている）

時間関係を表す用法はいずれも4格支配で，（8）では**予定の期間や日時**，（9）では**時間的連続**を表している．

（8）　［4格］*auf* zwei Jahre nach Deutschland gehen（2年の予定でドイツへ行く）/eine Anstellung *auf* Lebenszeit（終身雇用）/die Sitzung *auf* nächsten Mittwoch verschieben（会議を次の水曜に延期する）

（9）　［4格］in der Nacht von Sonntag *auf* Montag（日曜から月曜にかけての夜中に）/Das geht nicht von heute *auf* morgen.（それはすぐにはできない．＜今日から明日にはできない）

（10）では**手だて・方法**，（11）では「～を受けて（…する）」という**動機**，（12）では「～当たり」という**配分の割合**を表している．いずれも4格支配である．

（10）　［4格］Wie sagt man das *auf* Italienisch?（それはイタリア語でどういうの？）/eine Waschmaschine *auf* Kredit kaufen（洗濯機をクレジットで買う）/*auf* diese Weise（このようにして）

（11）　［4格］*auf* Wunsch der Eltern（両親の希望を受けて）/*auf* den Rat des Arztes hin（医者の忠告を受けて）

（12）　［4格］*Auf* 20 Schüler kommt ein Lehrer.（生徒20人に先生1人がつく．）/ein Teelöffel *auf* einen Liter Wasser（水1リットルに小

冠詞・前置詞・格

さじ1杯)

auf＋3格と成句的に結び付く動詞は余り多くない．この場合auf＋3格は**基盤**を表している．

(13) auf ～ basieren〈beruhen〉(～に基づく)/fußen (～に立脚する)/bestehen〈beharren〉(～に固執する)

一方，auf＋4格と成句的に結び付く動詞は数が多い．auf＋4格は，**(a)**では**注意を向ける対象**，**(b)**では**期待や予期の対象**，**(c)**では**拠り所**，**(d)**では**応答の契機**，**(e)**では**到達点・限界**を表している．

(14) **(a)** auf ～ achten〈aufpassen〉(～に注意を払う)/deuten (～を指し示す)/anspielen (～をほのめかす)/etwas lenken (…を～に向ける)/jn. verweisen〈hinweisen〉(人の注意を～へ向けさせる)

(b) sich auf ～ freuen (～を楽しみにする)/hoffen (～を期待する)/spekulieren(～を当てにする)/trinken(～を期して飲む)/verzichten(～を諦める)/warten(～を待つ)/zählen(～を当てにする)/sinnen (～を目論む)/sich vorbereiten(～の準備をする)/sich einstellen(～の覚悟をする)/drängen (～を急かす)

(c) auf ～ bauen (～を当てにする)/sich gründen (～に基づく)/sich verlassen (～を頼りにする)/vertrauen (～を信用する)/sich berufen(～を引き合いに出す)/sich beziehen(～に関連する)/zurückkommen (～に話を戻す)/etwas zurückführen (…を～に帰する)

(d) auf ～ antworten (～に答える)/eingehen (～に応じる)/sich einlassen (～に関わり合う)/reagieren (～に反応する)/hören (～に従う)

(e) sich auf ～ belaufen ((数値が) ～に達する)/sich erstrecken (～に及ぶ)/sich beschränken (～に限定する)/sich konzentrieren (～に集中する)/sich einigen (～に意見が一致する)

(a)と**(b)**は(5)の「動きの目標」に，**(c)**は(1)の「上面に＞土台の上に」に，**(d)**は(11)の「動機」に，**(e)**は(6)の「到達距離」や(7)の「程度」にそれぞれ関連付けることができる．

3．**hinter** (1)のhinterはある対象の**背後・背面**という意味を，(2)は**向う側あるいは通り過ぎた後ろ**という意味を表している．(3)は空間関係から転用されて**遅れ・不足**を表している．なお「ある対象の後について（行く）」

3.2. 前置詞

は hinter＋3格＋her で，「ある対象の背後からこちらへ」は hinter＋3格＋hervor で表す．

（1）［3格］Er saß *hinter* dem Fahrer.（彼は運転手の後ろに座っていた．）/ *hinter* dem Lenkrad sitzen（車を運転する＜ハンドルの後ろに座る）/Die Kinder liefen *hinter* dem Fremden her.（子供たちは見知らぬ男の後について行った．）/*hinter* dem Vorhang hervortreten（カーテンの後ろから出てくる）/*Hinter* der ganzen Sache steckt seine Frau.（これら全ての背後には彼の妻がいる．）

［4格］Er setzte sich *hinter* den Fahrer.（彼は運転手の後ろに座った．）/ *hinter* das Geheimnis kommen（秘密を嗅ぎつける＜秘密の背後に至る）

（2）［3格］*hinter* dem Schreibtisch sitzen（机に座っている＜机の向こう側に座っている）/10 Kilometer *hinter* Köln hatten wir eine Autopanne.（ケルンを過ぎて10キロのところで車が故障した．）/die Tür *hinter* sich abschließen（ドアを通った後で鍵を掛ける）

（3）［3格］*hinter* der Konkurrenz zurückstehen（ライバルに遅れを取っている）/*hinter* den Erwartungen zurückbleiben（期待を下回る）

（1）の「背後・背面」は対象に内在する基準によって決まる空間関係である．たとえば「人」や「家」ならば，どこから見るかによらず「背面」が決まる．hinter dem Lenkrad sitzen（車を運転する）も車の進行方向を基準にして運転席を「ハンドルの後ろ」としているのである．一方（2）の「向う側」はどこから見るかという基準によって決まる．hinter dem Schreibtisch sitzen（机に座っている）は机の背面から見て，机の正面を「机の向こう側」と言っているのである．

次の（4）は「〜を終えて」という意味の成句だが「〜を自分の後ろに」という空間関係からの転用であることが容易に見て取れる．

（4）［3格］alle Prüfungen *hinter sich* haben（全ての試験を終えている）

［4格］alle Prüfungen *hinter sich* bringen（全ての試験を終える）

4．in （1）の「ある空間の中」は in の最も基本的な意味である．この空間関係から転じて，（2）は「集団・組織の中」，（3）は「分野・範囲の中」を表している．

（１）　［３格］in *der* Stadt einkaufen（町で買物をする）/den Schlüssel *in* der Tasche haben（鍵をポケットに入れている）/*in* einem neuen Kleid ausgehen（新しいワンピースを着て外出する）
　　　　［４格］*in* die Stadt fahren（町へ行く）/eine Anzeige *in* die Zeitung setzen（新聞に広告を出す）/sich *in* die Decke hüllen（毛布にくるまる）
（２）　［３格］Er ist Mitglied *in* einem Sportverein.（彼はスポーツクラブの会員だ．）
　　　　［４格］*in* eine Partei eintreten（政党に入る）
（３）　［３格］*In* Physik war sie sehr gut.（物理では彼女は優秀だった．）/sich *im* Schreiben üben（書き方を練習する）/Er hat viel Erfahrung *in* seinem Beruf.（彼は仕事での経験が豊富だ．）

次は時間関係を表す用法で，（４）は「**期間の中**」，（５）は「**期間の経過後**」を表している．（４）で４格支配になるのは bis と共に用いられるときである．

（４）　［３格］*im* letzten Jahr（去年）/*im* Unterricht pennen（授業中にうたた寝する）/*im* letzten Augenblick（最後の瞬間に）/*in* der Zukunft（将来）
　　　　［４格］bis spät *in* die Nacht（夜中遅くまで）/Dieser Brauch lässt sich bis *ins* Mittelalter zurückverfolgen.（この慣習の起源は中世まで遡れる．）
（５）　［３格］*In* 30 Minuten ist Feierabend.（30分後に終業だ．）/*In* einer Woche haben wir einen Ausflug.（１週間後に遠足がある．）

なお，in einer Woche は「１週間の内に」の意味にもなり得る．たとえば In einer Woche finden zwei Konferenzen statt.は「１週間後に会議が二つ開催される．」と「１週間の内に会議が二つ開催される．」の両方の意味になり得る．

（６）は「**状態の中**」つまり「～という状態（である／になる）」ことを表し，（７）は**様態・方法**を表す．

（６）　［３格］Ich bin *in* Verlegenheit.（私は困惑している．）/*in* einer langen Schlange warten（長蛇の列で待つ）
　　　　［４格］Die Raupe verwandelt sich *in* einen Schmetterling.（毛虫が蝶に姿を変える．）/eine Zitrone *in* Scheiben schneiden（レモンを

3.2. 前 置 詞

輪切りにする)/*in* Verlegenheit geraten（困惑する）
(7)　[3格] ein Glas *in* einem Zug austrinken（グラスを一気に飲み干す)/*in* aller Eile（大急ぎで)/*in* ähnlicher Weise（似たような仕方で)/*in* Scharen（群れをなして）

in+3格と成句的に結び付く動詞には(8)のようなものがある．これらの用法の in+3格は**問題となる点**を表している．

(8)　sich in 〜 irren（〜の点で間違える)/sich unterscheiden（〜の点で異なる)/übereinstimmen（〜の点で一致する)/sich ausdrücken（〜に現れる)/bestehen（〜に本質がある）

in+4格と成句的に結び付く動詞には(9)のようなものがある．in+4格は，いずれも「〜の中へ」という空間関係に関連付けることができる．

(9)　sich in 〜 ergeben〈sich schicken〉（〜に甘んじて身を置く)/sich fügen（〜に適合する)/einwilligen（〜に同意する)/sich verlieben（〜に惚れる)/sich vertiefen（〜に没頭する)/greifen（〜に介入する)/sich einmischen（〜に干渉する）

5．**neben**　(1)の neben は「**ある物の隣に**」という関係を表している．(2)は「〜と並ぶと」という**比較の対象**を，(3)は「〜と並んで」という**追加**の関係を表している．いずれも「隣に」という空間関係からの転用と見なすことができる．

(1)　[3格] Er sitzt links *neben* seiner Frau.（彼は妻の左隣に座っている．)/das Café *neben* der Buchhandlung（書店の隣の喫茶店)/Die Tochter geht *neben* ihrem Vater her.（娘が父親の隣を歩いていく．）
　　　[4格] Er setzt sich links *neben* seine Frau.（彼は妻の左隣に座る．）

(2)　[3格] *Neben* seinem Mercedes sieht mein Auto ganz miserabel aus.（彼のベンツと並ぶと私の車は全くみすぼらしい．）

(3)　[3格] Ich brauche *neben* Schere und Papier auch Leim.（私は鋏と紙の他に糊も要る．)/Er hat *neben* seiner Rente keine weiteren Einkünfte.（彼は年金の他に収入はない．）

6．**über**　(1)の「**ある対象の上方**」が über の最も基本的な意味である．(2)の über は**超過**という意味だが，これも「上方」からの転用と見なせる．

(1)　[3格] Das Bild hängt *über* dem Sofa.（絵はソファーの上［の壁

に掛かっている．)/*Über* uns wohnt ein Pianist. (うちの上の階にピアニストが住んでいる．)/Sie steht *über* mir. (彼女は私の上司だ．)

　　　［4格］Er hängte das Bild *über* das Sofa. (彼は絵をソファーの上［の壁］に掛けた．)

（2）　［3格］Seine Leistungen liegen weit *über* dem Durchschnitt. (彼の成績は平均をはるかに超えている．)/Die Temperatur liegt *über* dem Gefrierpunkt. (温度は氷点を上回っている．)

　　　［4格］Meine Oma blieb bis *über* 80 ganz rüstig. (祖母は80過ぎまで全く元気だった．)/Das geht *über* meine Kraft. (それは私の能力を超えている．)

über＋名詞は，（3）では**覆う対象**を，（4）では**動きが沿う表面**を表している．（4）の用法は4格支配のみである．

（3）　［3格］einen Mantel *über* dem Kleid tragen（ワンピースの上にコートを着ている）/Schnee liegt *über* dem Hügel. (雪が丘陵を覆っている．)

　　　［4格］einen Pulli *über* das Hemd ziehen（シャツの上にセーターを着る）

（4）　［4格］mit der Hand *über* den Kopf fahren（手で頭をなでる）/Tränen liefen ihr *über* die Wangen. (涙が彼女の頬を伝った．)

（5）の über は「**向こう側へ（横切って）**」という意味である．（4）の über も意味が似ているが，（4）には「横切る」という意味が含まれていない．（6）の über は「**(境・障害物を）超えて**」という意味，（7）は**経由地**，（8）は**仲介者・媒介物**を表している．（8）は（7）の経由地から非空間的関係への転用と考えられる．（5）〜（8）はいずれも4格支配である．

（5）　［4格］*über* die Straße queren（通りを横断する）/Wir gingen *über* die Wiese. (私たちは草原を横切って行った．)

（6）　［4格］Flüchtlinge *über* die Grenze bringen（難民に国境を越えさせる）/*über* die Hürde springen（ハードルを飛び越える）

（7）　［4格］Wir sind *über* Moskau nach Wien geflogen. (私たちはモスクワ経由でウィーンへ飛んだ．)

（8）　［4格］Die Olympischen Spiele werden *über* Satellit in alle Welt übertragen. (オリンピック競技は衛星で全世界へ中継される．)

3.2. 前 置 詞

（9）の über ＋ 4 格は継続する**期間全体**，（10）の über ＋ 3 格は「**従事中に**」という意味を表している．

（9） ［**4格**］ *übers* Wochenende heimfahren（週末の間帰郷する）/Du kannst heute *über* Nacht bei uns bleiben.（君は今夜うちに泊まれるよ．）

（10） ［**3格**］ Ich bin *über* dem Lesen eingeschlafen.（私は本を読んでいるうちに寝入ってしまった．）

über ＋ 4 格は，（11）では**話題・主題**，（12）では**感情の動きの原因**，（13）では**支配の対象**を表している．（14）は成句的な表現である．

（11） ［**4格**］ *über* die Hochschulreform diskutieren（大学改革について議論する）/Die Schüler schreiben einen Aufsatz *über* den Ausflug.（生徒たちは遠足についての作文を書く．）

（12） ［**4格**］ Er ärgert sich *über* mich.（彼は私に腹を立てている．）/sich *über* das Geschenk freuen（プレゼントに喜ぶ）

（13） ［**4格**］ Das Königreich *herrschte* über viele Völker.（その王国は多くの民族を支配していた．）/die Kontrolle *über* das Auto verlieren（車をコントロールできなくなる）

（14） Fragen *über* Fragen stellen（次々と質問する）/Geschenke *über* Geschenke bekommen（次々と贈物をもらう）/Fehler *über* Fehler machen（次々と失敗を重ねる）

über ＋ 4 格が動詞と成句的に結び付く例として取り立てて挙げねばならないものは殆んどない．たとえば über ～⁴ hereinbrechen（～⁴に降りかかる）や über ～⁴ herfallen（～⁴に襲いかかる）なども，（3）の「覆う対象」の転用と考えることができる．

7．unter （1）の「～の下」が unter の最も基本的な意味である．（2）も「下」だが，さらに「**覆われて**」という意味が加わっている．（2）の［3格］の第3例では「雪の重みの下」という位置関係から「雪の重みが原因で」というような意味の移行が見られる．

（1） ［**3格**］ Wir saßen *unter* einem Sonnenschirm.（私たちはパラソルの下に座っていた．）/Die Hütte liegt 300 m *unter* dem Gipfel.（山小屋は頂上の300メートル下にある．）/Ich wohne *unter* meiner Vermieterin.（私は家主の下の部屋に住んでいる．）

　　　　　[4格] sich *unter* die Dusche stellen（シャワーを浴びる＜シャワーの下に立つ）/*unter* das Bett gucken（ベッドの下を覗く）

（2）　[3格] eine Weste *unter* dem Jackett tragen（ジャケットの下にベストを着ている）/Die Straße steht *unter* Wasser.（道路は水没している。）/Die Äste brachen *unter* der Last des Schnees.（枝が雪の重みで折れた。）

　　　　　[4格] eine Weste *unter* das Jackett ziehen（ジャケットの下にベストを着る）/den Brief *unter* einen Stoß Papiere legen（手紙を書類の山の下に置く）

（3）では空間関係から数値へ転用されて「以下・未満」，（4）では「支配下」「監視下」というときの「下」，（5）の unter＋名詞は「ある状態にある」ことを表すが，これも「保護の下」「圧迫の下」というときの「下」と考えられる．また（6）も「～という表題の下で」などの「下」と考えられる．

（3）　[3格] Jugendlichen *unter* 18 Jahren ist der Eintritt verboten.（18歳未満の青少年には入場が禁じられている。）/Seine Leistungen liegen *unter* dem Durchschnitt.（彼の成績は平均以下だ。）

　　　　　[4格] Die Temperatur fiel *unter* den Nullpunkt.（気温が零度以下に下がった。）

（4）　[3格] *Unter* dem neuen Chef wurde das Betriebsklima viel besser.（新しい上司の下で職場のムードがかなり改善された。）/Der Mann steht *unter* polizeilicher Aufsicht.（その男は警察の監視下にある。）

　　　　　[4格] den Mann *unter* polizeiliche Aufsicht stellen（その男を警察の監視下に置く）

（5）　[3格] Diese Alpenblumen stehen *unter* Naturschutz.（この高山植物は自然保護の対象だ。＜自然保護の下にある）/Der Staat steht *unter* finanziellem Druck.（国は財政的に逼迫している。＜財政的圧迫の下にある）．

　　　　　[4格] die Schüler psychisch *unter* Druck setzen（生徒達を精神的に圧迫する）/Er hat seinen Kollegen *unter* Alkohol gesetzt.（彼は同僚を酔わせた。）

（6）　[3格] Der Film wird jetzt *unter* einem anderen Titel gezeigt.

3.2. 前 置 詞

(その映画は今度別のタイトルで上映される.)/Ich bin *unter* der Nummer 30 52 26 zu erreichen. (私は305226の電話番号で連絡が付く.)

(7)の unter＋3格は**付随する状況**を，(8)は**条件や事情**を表している．

(7) [3格] sich *unter* Tränen verabschieden (涙ながらに別れを告げる)/Das Konzert klang *unter* großem Beifall aus. (コンサートは盛大な拍手の中で終わった.)/*unter* Gefahr für das eigene Leben (自らの命の危険を顧みず)/*unter* Aufbietung aller Kräfte (全力を出し切って)

(8) [3格] *unter* diesen Bedingungen (この条件の下で)/Das kommt *unter* keinen Umständen in Frage. (それはいかなる事情においても論外だ.)

unter には(9)のような「**中に混ざって**」という意味もある．(10)の「**仲間内で**」もこれと関連付けることができる．

(9) [3格] *Unter* den Gästen war auch eine Ärztin. (客の中には女医も1人いた.)/*Unter* Eiern waren zwei faule. (卵の中に二つ腐ったのがあった.)

　　[4格] sich *unter* die Zuschauer mengen (観客の中に紛れ込む)/Er ist *unter* die Finanzexperten zu rechnen. (彼は財政の専門家に数え入れられる.)

(10) [3格] Es gab Streit *unter* den Schwestern. (姉妹の間で争いがあった.)/*unter* uns gesagt (ここだけの話で＜私たちの間で)

unter＋3格 (あるいは4格) と成句的に結び付く動詞は，unter ～³ leiden (～に苦しむ) 以外，特に挙げるべきものはない．

8．**vor**　(1)も(2)も vor には「**～の前**」という日本語が対応するが，(1)は建物や人間などのように，どこが正面かが明確な対象における「正面の前」という意味，(2)の vor はあるものの「手前・こちら側」という位置関係を表している．hinter の場合と同様に，(1)では対象に内在する基準によって決まる空間関係が，(2)ではどこから見るかという基準によって決まる空間関係が表されている．

(1) [3格] Der Bus hielt *vor* dem Bahnhof. (バスは駅の前で停まった.)/Im Kino saß ein großer Mann *vor* mir. (映画館で大きな男が

私の前に座っていた。)/Thomas wurde *vor* allen Mitschülern getadelt. (トーマスは同級生全員の面前で非難された。)

　　[4格] Sie stellte sich *vor* den Spiegel. (彼女は鏡の前に立った。)/den Ball *vor* das Tor treiben ((ドリブルなどで) ボールをゴール前へ運ぶ)

（2）[3格] Der Zug hielt *vor* dem Bahnhof. (列車は駅に入る手前で止まった。)/*Vor* Eisenach kommt erst noch Gotha. (アイゼナハの手前にまずゴータがある。)

　　[4格] Ich stelle die Blumen *vors* Fenster. (私は花を窓の手前に置く。)

次は時間関係の用法で，（3）は「**出来事の前に**」，（4）は「**一定時間前に**」，（5）は「**(順序で) 先に**」という意味である．いずれも3格支配である．

（3）[3格] *Vor* dem Essen wasche ich mir immer die Hände. (私は食事の前にいつも手を洗う。)/Es ist fünf *vor* acht. (8時5分前だ。)

（4）[3格] Wir sind *vor* einer Woche umgezogen. (私たちは1週間前に引っ越した。)/*vor* langer Zeit (ずっと前に)

（5）[3格] Ich kam *vor* meiner Frau nach Hause. (私は妻より先に帰宅した。)/Du kommst *vor* mir an die Reihe. (君は僕より順番が先だ。)/Im Alphabet kommt M *vor* N. (アルファベットでMはNより先だ。)

（6）の vor＋3格は空間関係でも時間関係でもなく「～のあまり（…してしまう）」というような**生理的・感情的反応などの原因**を表している．

（6）[3格] *vor* Kälte zittern (寒さで震える)/Er strahlte *vor* Glück. (彼は幸せのあまり顔を輝かせていた。)

vor＋3格と成句的に結び付く動詞には次のようなものがある．vor＋3格は**忌避の対象**を表している．

（7）　sich vor ～ ängstigen〈sich fürchten〉(～を恐れる)/zurückschrecken (～に怯む)/sich ekeln (～が大嫌いだ)/erschrecken (～にぞっとする)/fliehen〈flüchten〉(～から逃げる)/sich verbergen〈sich verstecken〉(～から身を隠す)/sich scheuen (～を厭う)/jn. behüten〈beschützen, bewahren, schützen〉(人を～から守る)/sich hüten (～に用心する)/jn. warnen (人に～に対して警告する)

3.2. 前 置 詞

9．**zwischen** （1）の空間関係での「**二者の間**」が zwischen の基本的な意味である．[3格]の最後の例のように「三者（以上）の間」の場合もある．さらに(2)では「**不特定多数の中への混在**」を表している．

(1) [3格] Er saß *zwischen* seiner Frau und seiner Tochter.（彼は妻と娘の間に座っていた．）/eine Zigarette *zwischen* den Fingern halten（タバコを指に挟んでいる）/die Entfernung *zwischen* der Wohnung und dem Arbeitsplatz（住居と仕事場の間の距離）/*Zwischen* Deutschland, Schweden und Dänemark bestehen Fährverbindungen.（ドイツ，スウェーデン，デンマークの間にはフェリー便がある．）

[4格] Er setzte sich *zwischen* seine Frau und seine Tochter.（彼は妻と娘の間に座った．）/eine Zigarette *zwischen* die Finger nehmen（タバコを指に挟む）

(2) [3格] Der Brief war *zwischen* den Papieren auf dem Tisch.（手紙は机上の書類の間にあった．）

[4格] Der Dieb mischte sich *zwischen* die Fußgänger.（泥棒は歩行者の間に紛れ込んだ．）

(3)の zwischen は「**二つの時点の間**」という時間関係を表し，(4)では人間関係や異同・類似関係などにおける「**二者の間**」，(5)では「**二つの数値の間**」を表している．

(3) [3格] den Urlaub *zwischen* den Feiertagen nehmen（祝日の間に休暇を取る）/Ich komme *zwischen* Montag und Mittwoch vorbei.（私は月曜から水曜の間に立ち寄ります．）

[4格] den Urlaub *zwischen* die Feiertage legen（休暇を祝日の間に置く）

(4) [3格] *Zwischen* ihm und seiner Schwester gibt es immer Streit.（彼と姉との間には口論が絶えない．）/das Verhältnis *zwischen* den Brüdern（兄弟の間の関係）/*zwischen* Gut und Böse unterscheiden（善と悪を区別する）/*zwischen* zwei Möglichkeiten schwanken（二つの可能性の間で迷う）

(5) [3格] Kinder *zwischen* 12 und 15 Jahren（12歳から15歳の間の子供たち）

たとえば Die Bewerber sind *zwischen* 25 und 30 Jahre alt.（応募者は25

歳と30歳の間だ．）の zwischen は副詞と見なされる．この例文の Jahre は4格だが，これは「〜歳」という意味の alt が4格と結び付くからであり，zwischenが4格を支配しているわけではない．文法的にはこのような違いがあるが，これらは（5）の用法と実質的には変わらない．Eine Maus kostet *zwischen* 10 und 30 Euro.（マウスの値段は10ユーロと30ユーロの間ぐらいだ．）も同様である．

3.2.4.5. 空間関係を表す前置詞の使い分け

　前置詞の章の最後に，類義前置詞の一例として，空間関係を表す主な前置詞を取り上げ，その使い分けを見てみよう．
1．**aus と von**　どちらも「（どこそこ）から」という日本語に対応するが，aus は基本的には「空間の中から外へ」，von は「点や面から離れる」という違いがある．従って，「学校の建物（あるいは敷地）から出てくる」ならば aus der Schule [heraus] kommen，「学校から帰宅する」ならば von der Schule [zurück] kommen となる．また出身地を言う時は aus を用いるが，移動の起点を表す時，地名を地図上の一地点と考えるならば von を用いる．「人のところから」には当然 von が用いられる（von ihm zurückkommen 彼のところから戻る）．
　　（1）　Ich stamme *aus* Leipzig.　（私はライプツィヒ出身だ．）
　　（2）　Der Zug kommt *von* Berlin.　（その列車はベルリーンから来る．）
2．**hinter/unter＋3格＋hervor**　「（どこそこ）から」という起点・分離点を表す前置詞は aus と von しかない．それ以外の場合は，たとえば「茂みの後ろから（出て来る）」は hinter dem Busch hervor，「ベッドの下から（出て来る）」は unter dem Bett hervor というように，場所表示と hervor を組み合わせて表す．
　　（3）　*Unter* dem Hut quoll ihr Haar *hervor*.　（帽子の下から髪がこぼれ出ていた．）
　　（4）　Die Sonne trat *hinter* den Wolken *hervor*.　（太陽が雲の後ろから現れた．）
3．**an/auf/in＋3格**　市役所，郵便局，銀行などの公共施設は，場所を表す前置詞として in（＋3格）ではなく auf（＋3格）を用いることが多い．

3.2. 前 置 詞

(5) Ich habe noch etwas *auf* dem Rathaus〈der Post〉zu erledigen.（私はまだ市庁舎〈郵便局〉で片付ける用事がある．）
(6) *Auf* dem Bahnhof herrschte furchtbarer Betrieb.（駅はものすごい混雑だった．）

ただし Im Bahnhof gibt es einen Friseur.（駅[の構内]には床屋がある．）のように，公共施設としての機能ではなく，空間関係だけが問題になるときは in（＋3格）が用いられる．

「大学にいる」は機関としての側面に目を向けて「在籍している」という場合は auf（＋3格），空間の側面に目を向けて「建物（キャンパス内）にいる」という場合は in を使う．ただし「大学で勉強する」や「大学の教員である」には an（＋3格）が用いられることが多い．

(7) Ich bin schon seit zwei Semestern *auf* der Universität.（私はすでに2学期前から大学に在籍している．）
(8) Ich warte schon seit zwei Stunden *in* der Universität.（私はすでに2時間前から大学で待っている．）
(9) Ich studiere *an* der Universität Osaka.（私は大阪大学で勉強している．）
(10) Er ist Professor *an* einer Universität.（彼はある大学の教授だ．）

住所や所在地の場合は，用いられている名詞によって異なる．Straße, Gasse, Allee ならば in（＋3格）が用いられる．

(11) Ich wohne *in* der Hebelstraße, mein Freund *in* der Brunnengasse.（私はヘーベル通りに，友達はブルンネン通りに住んでいる．）
(12) Das Geschäft liegt *in* der Frankfurter Allee.（店はフランクフルト通りにある．）

この場合，Straße は「通り」そのものではなく，通りに接した「区域」を表している．それで前置詞は in（＋3格）が用いられるのである．地名が Markt, Platz あるいは Damm の場合は an（＋3格）が用いられる．この場合は，Straße などとは異なり，「広場に接した所に」という本来のイメージが残っていると考えられる．

(13) Ich wohne *am* Altmarkt.（私は旧市場に住んでいる．）
(14) Das Geschäft befindet sich *am* Herderplatz.（店はヘルダー広場にある．）

(15) Ich wohne *am* Kurfürstendamm.（私はクアフュルステンダムに住んでいる．）

4．**auf＋4格/in＋4格/zu＋3格**　市役所，郵便局，銀行などの公共施設は，方向を表す前置詞として in（＋4格）ではなく auf（＋4格）あるいは zu（＋3格）を用いることが多い．

   (16) Ich gehe *aufs*〈*zum*〉Rathaus.（私は市役所に行く．）

   (17) Ich gehe *auf die*〈*zur*〉Post.（私は郵便局に行く．）

ただし「学校に行く」には auf（＋4格），zu（＋3格）と並んで in（＋4格）も用いられる．

   (18) Ich gehe *aufs*〈*ins*〉Gymnasium.（私はギムナジウムに行く．）

   (19) Gehst du schon *in die*〈*zur*〉Schule？（君はもう学校に通っているの？）

5．**in＋4格/nach＋3格/zu＋3格/bei＋3格**　その他の方向・行先・滞在地は以下のようになる．まず，冠詞付きの名詞・地名は in（＋4格）で方向を表す．なお，島の場合は auf（＋4格）に，海や湖や川の場合は an（＋4格）となる．

   (20) *in* den Wald gehen（森に入って行く）/*in* die Stadt fahren（町へ行く）/*in* die Schweiz reisen（スイスへ旅行する）/*in* die USA fliegen（アメリカ合衆国へ飛ぶ）/*auf* die Mainau fahren（マイナウ島へ行く）/*an* den Bodensee fahren（ボーデン湖へ行く）

無冠詞の地名（島の名前も含む）の場合は in（＋3格）で場所，nach（＋3格）で方向を表す．

   (21) *nach* Frankfurt fahren（フランクフルトへ行く）/*nach* Italien reisen（イタリアへ旅行する）/*nach* Amerika fliegen（アメリカへ飛ぶ）/*nach* Kreta fliegen（クレタ島へ飛ぶ）

「人の所へ（行く）」は zu（＋3格）で，「人の所で」は bei（＋3格）で表す．

   (22) *zum* Arzt gehen（医者に行く）/*zu* einem Freund gehen（友達の所へ行く）

   (23) *beim* Arzt sein（医者のところにいる）/*bei* einem Freund sein（友達の所にいる）

なお，ドイツ北部の方言では nach dem Fleischer gehen（肉屋に行く）とも言うようである．

3.3. 格 (Kasus)

3.3.1. ドイツ語の四つの格

ドイツ語の名詞と代名詞には**1格** Nominativ，**2格** Genitiv，**3格** Dativ，**4格** Akkusativ という四つの格がある．名詞の格は主に冠詞類や形容詞(および部分的に名詞自身)の語尾によって示され，代名詞の格は代名詞自身の語形変化によって示される．

ただし，語形だけで常に一義的に格が識別できるわけではない．男性・単数で冠詞が付いていれば四つの形態(例：der Mann — des Mannes — dem Mann — den Mann) が区別できるが，男性・単数以外は1格と4格が同形(例：die Frau — die Frau, das Kind — das Kind, die Eltern — die Eltern) であり，女性・単数は2格と3格も同形 (例：der Frau — der Frau) である．また，人名などの固有名詞も，2格以外では形態的な標識が何も付かない．実際には，語形だけでなく，他の語句との文法的・意味的関係も手がかりとして名詞や代名詞の格を識別しているのである．

以下，「格の標示」，「格の用法」，「格と意味」について述べていく．

3.3.2. 格の標示

3.3.2.1. 概　　要

名詞句の格を標示する外形上の手がかりは次のようにまとめられる．
1．名詞句の格は主に冠詞類の語尾によって示される．
　　dies*er* Wein (1格) — dies*es* Weins (2格) — dies*em* Wein (3格) — dies*en* Wein (4格)
　　mein*e* Gläser (1格) — mein*er* Gläser (2格) — mein*en* Gläsern (3格) — mein*e* Gläser (4格)

2．冠詞類がなく，付加語形容詞がある場合は，これに格を示すための語尾が付く．ただし男性名詞と中性名詞の単数形で名詞の語尾 -[e]s によって2格であることが明示される場合は，形容詞の語尾は -en となる．
 kalt*er* Wein（1格）— kalt*en* Weins（2格）— kalt*em* Wein（3格）— kalt*en* Wein（4格）
 schön*e* Gläser（1格）— schön*er* Gläser（2格）— schön*en* Gläsern（3格）— schön*e* Gläser（4格）
 17世紀ごろまでは名詞に -[e]s という語尾が付いても，形容詞の語尾も -es となるのが普通だった（kalt*es* Weins）．現代でも rein*es* Herzens（清い心の）のような慣用表現に -es という語尾が現れることがある．また，男性弱変化名詞の場合は，名詞の語尾が -en なので形容詞の語尾は -es となる（例：der Wille gut*es* Menschen（善良な人間の意志））．もっとも，このような組合せが実際に用いられることはあまりない．
3．名詞自体は男性単数2格と中性単数2格で -[e]s という語尾が付き，複数3格で -n という語尾が付くだけである．
 meines Mann*es*（男性単数2格）/ meines Kind*es*（中性単数2格）/ meinen Kinder*n*（複数3格）
 女性名詞でも固有名詞化し，2格付加語として前置されるときは語尾 -s が付く（例：Mutti*s* Kleid（ママのワンピース））．
 なお，男性弱変化名詞は単数1格以外すべて -[e]n が付く．
 Affe（単数1格）— Affe*n*（単数2，3，4格，複数1，2，3，4格）
 Student（単数1格）— Student*en*（単数2，3，4格，複数1，2，3，4格）
4．古くは男性単数3格と中性単数3格に -e が付いたが，現代ドイツ語では成句以外には原則として付かない．
 im Grund*e* genommen（根本的には）/ jn. zu Rat*e* ziehen（ある人に相談する）
 zu Haus[e] sein（在宅している）や nach Haus[e] gehen（帰宅する）の -e は付けても付けなくても良い．ただし，新正書法でオーストリアとスイスにおいて認められている zuhause/nachhause という綴り方の場合は必ず -e が付く．

3.3. 格

3.3.2.2. 名詞の格語尾の脱落

　実際の言語使用では，上で概観したような外形上の手がかりが現れない場合もある．以下，名詞の格語尾の脱落という現象の例を挙げる．

3.3.2.2.1. 2格の -[e]s の脱落
1．語末の綴りにアクセントが無く，-s で終わる名詞には2格の -es が付かないのが普通である．
　　das Zelt des *Zirkus*（サーカスのテント）/das Ende des *Sozialismus*（社会主義の終焉）/der Preis des *Atlas*（地図帳の値段）
2．他の品詞から転じた名詞や略語では -[e]s が落ちることが多い．
　　das Anbieten des eigenen *Know-how*（独自のノウハウの提供）/die Philosophie des *Als-ob*（「かのように」の哲学）/die Höhe seines *IQ*（彼のIQの高さ）/der Fahrer des *Pkw*（乗用車のドライバー）
3．対語などが一つの概念と見なされる場合は，最初の名詞の語尾 -[e]s が脱落する．また ein Glas Wasser のような量単位と物質名詞の組合せではどちらか一方の語尾 -[e]s が脱落する．
　　ein Stück *Grund und Bodens*（一区画の地所）/der Preis *eines Pfund Fleisches*〈der Preis *eines Pfundes Fleisch*〉（肉1ポンドの値段）
4．地名，人名，月名や民族名の一部などは，冠詞により既に2格であることが明らかな場合に語尾 -[e]s が落ちることが多い．
　　die Länder des heutigen *Europa*[*s*]（今日のヨーロッパの国々）/die Bilder des jüngen *Dürer*（デューラーの若い頃の絵）/die Tiefsttemperatur des 15. *Januar*[*s*]（1月15日の最低気温）/das Leben des *Eskimo*[*s*]（エスキモーの生活）
　　月名でも -er に終わる名詞は，2格の語尾 -s が必ず付く（例：des Septembers（9月の）/des Oktobers（10月の））．

3.3.2.2.2. 男性弱変化名詞の語尾の脱落
1．無冠詞で付加語形容詞も付かない場合，語尾 -en が付くと単数形と複数形の区別がつかないので，単数3格・4格で語尾が脱落することがある．
　　der Unterschied zwischen *Affe* und *Mensch*（猿と人間の違い）/Das

Gesuch muss *Name*, Beruf und Anschrift des Antragstellers enthalten.（申請書は申請者の氏名，職業，住所を含まねばならない．）
なお二つ目の例の Name は，2 格が Namens，3 格・4 格が Namen と変化するので，厳密に言えば男性弱変化名詞とは異なる（→1.2.5.8.）．
２．男性弱変化名詞を無冠詞で「肩書き」として使う場合も語尾 -en が落ちることがある．

die Einschaltung von *Bundestagspräsident* Gerstenmaier（連邦議会議長ゲルステンマイヤーの介入）/Gespräch mit Japans *Ministerpräsident* Kaifu（日本の海部総理大臣との会談）

3.3.2.2.3. 複数 3 格 -n の脱落

Wegener（1995：143ff.）によれば，次のような場合には複数 3 格の語尾 -n の脱落もしばしば見られるということである．

Leber mit *Zwiebel* und *Kartoffel*（レバーの玉ねぎとジャガイモ添え）/ Familie mit zwei *Kinder* sucht Wohnung（（新聞広告で）子供二人の家族，住居求む）/Zutritt verboten für Jugendliche unter 18 *Jahre*（18歳未満の青少年は入場禁止）

3.3.3. 格の用法

最初に書いたように，格は名詞（や代名詞）が文中で担う働きを表す．以下，1 格，2 格，3 格，4 格の順に，それぞれの格の名詞・代名詞が文中でどのような働きをするかを概観する．ここでは，主語，目的語，副詞規定詞のような**文肢** Satzglied ― つまり述語動詞と結び付いて文を構成する要素 ― としての働きを中心に見ていくが，文肢以外の要素も適宜取り上げる．たとえば例文（1）の des Dichters は das Geburtshaus に掛かる**付加語** Attribut であり，それ自体は文肢ではないが，付加語は 2 格の最も重要な用法なので，当然ここで取り上げることになる．また（2）の「呼びかけ」も，述語動詞とは結び付いていないので文肢とは認められないが，1 格の用法として当然言及することになる．

(1) Wir besichtigen das Geburtshaus *des Dichters*.（私達はその詩人の生家を見学する．）

(2) Kommst du mit, *Mutter*? （お母さん，一緒に行く？）

なお，文肢という観点から，つまり述語動詞との文法的・意味的な結び付きという観点から見れば，1格，2格，3格，4格という「格」と並んで「前置詞」も考察しておくのが実用的である．たとえば(3)の3格名詞句 seiner Mutter と(4)の前置詞句 an seine Mutter はどちらも手紙を書く「相手」を表しているという点で同じである．

(3) Er schreibt *seiner Mutter* einen Brief. （彼はお母さんに手紙を書く．）
(4) Er schreibt einen Brief *an seine Mutter*. （彼はお母さんに手紙を書く．）

このような事情を考慮して，ここでは1格，2格，3格，4格に続き，前置詞句の文中での用法も概観することにする．

3.3.3.1. 1格

ここでは1格の用法を，主語 Subjekt，述語内容詞 Prädikativum，同格 Apposition，呼びかけの1格 Anredenominativ，独立的1格 absoluter Nominativ，名指しの1格 Benennungsnominativ の順に見ていく．

3.3.3.1.1. 主語 Subjekt

1格で最も重要なのは主語としての用法である．主語には次の1.～3.のような特徴がある．

1．主語の人称・数は定動詞の人称・数と一致する．
(1) *Ich* bin in den Fluss gefallen. （私は川に落ちた．）
(2) *Du* bist in den Fluss gefallen. （君は川に落ちた．）
(3) *Das Kind* ist in den Fluss gefallen. （子供は川に落ちた．）
(4) *Die Kinder* sind in den Fluss gefallen. （子供達は川に落ちた．）

2．主語は ― 名詞で表されている場合 ― 1格の代名詞に置き換えることができる．
(5) Mir gefällt *dieser Wagen* nicht. （私にはこの車は気に入らない．）
  → Mir gefällt *er* nicht.
(6) *Mein Nachbar* heißt auch Franz. （僕の隣もフランツという名前

だ．)

→ *Er* heißt auch Franz.

ただし（6）の Franz のように主語ではなく述語内容詞である1格は er で置き換えることができない．Franz を置き換えるとしたら Mein Nachbar heißt auch *so*.（僕の隣もそういう名前だ．）となる．

3．1格の名詞・代名詞の代わりに，従属文や不定詞句などが主語の位置を占めることもある．

（7） *Dass ihr mitkommt*, freut mich. （君達が一緒に行くので私は嬉しい．）

（8） *Bachs Fugen zu spielen* ist nicht leicht. （バッハのフーガを演奏するのは簡単ではない．）

1格の es　主語との関連でしばしば問題とされる人称代名詞 es についてまとめておく．es は中性名詞の単数形を受ける他に「非人称の es」（9），「相関詞の es」(10)，「穴埋め Platzhalter の es」(11)などとしても用いられる．

（9） *Es* regnet.（雨が降る．）/*Es* schneit.（雪が降る．）/*Es* hagelt.（霰/雹が降る．）/*Es* nieselt.（霧雨が降る．）

(10) Mich hat *es* sehr enttäuscht, dass du nicht gekommen bist. （私は君が来なかったことにとてもがっかりした．）

(11)．*Es* herrschen chaotische Zustände. （＝Chaotische Zustände herrschen.）（混沌とした状態だ．）

「非人称の es」は何かを指したり受けたりするわけではなく，原則として他の語句に置き換えることはできないが，文の成立には必要で，文頭以外の位置に置くこともできる．「相関詞の es」は後続する従属文や zu 不定詞句の代理として用いられ，文法的に必要な場合と必要ではない場合がある．この es も文頭以外の位置に置くことができる．「穴埋めの es」は情報伝達上の理由から文頭に実質的な語句が置かれないときに用いられる．このような場合, es で文頭の空所を埋めることにより定動詞第2位の原則を守るのである．したがって文頭以外の位置に現れることはない．また例文(11)からわかるように，定動詞は es とではなく，主語（例文11では chaotische Zustände）と一致する．

これらの es の扱いは文法書によって異なる．例えば非人称の es については，

主語の一種としている文法書（Duden 1995：614f.など）と，主語ではなく，言わばes-regnetという動詞の一部だとする文法書（Engel 1988：190など）がある．いずれにしても，これらのesは上に挙げた一般的な「主語」とまったく同じに扱うことはできない．

3.3.3.1.2. 述語内容詞 Prädikativum

述語内容詞というのは，sein, werden, bleiben, scheinen, heißen などと結び付き「AはBだ」や「AはBになる」などの「B」に当たる1格名詞句である．A wird B genannt. (AはBと呼ばれる) などのBも述語内容詞である．同定1格 Gleichsetzungsnominativ と言うこともある．

(12) Unser Sohn heißt *Felix*. （私達の息子はフェリックスという名前です．）

(13) Ich möchte *Lehrer* werden. （私は先生になりたい．）

(14) Er wird von allen *ein Dummkopf* genannt. （彼は皆からばか者呼ばわりされている．）

述語内容詞の名詞の数は(15)のように主語名詞の数と一致するのが普通だが，(16)や(17)のように一致しない場合もある．(16)では一人ひとりの医者ではなく医者という「職業」を前面に出し，また(17)では「事件の目撃者」を一括して捉えているので単数形となっている．

(15) Meine beiden Töchter sind *Lehrerinnen*. （私の2人の娘は教師だ．）

(16) Theo und Benn wollen *Arzt* werden. （テオとベンは医者になるつもりだ．）

(17) Die beiden Kinder waren *Zeuge* dieses Vorfalls. （その2人の子供たちがこの事件の目撃者だった．）

述語内容詞と述語　述語内容詞と混同しやすい概念として**述語** Prädikat がある．述語という用語も色々な意味で用いられているが，ここでは文の基本的な構成の中心となる動詞の意味で使う．曖昧さを避けるために述語動詞 Prädikatsverb と言うこともある．例えば Mein Vater ist Lehrer. ならば ist が述語動詞で，Lehrer が述語内容詞である．

3.3.3.1.3. 同格 Apposition

1格の名詞句（主語や呼びかけなど）に対する同格としては当然のことながら1格が用いられる．

(18)　Mein Onkel, *ein bekannter Maler*, ist gestern gestorben.（有名な画家である私のおじが昨日亡くなった．）

(19)　Karl *der Große* wurde 747 geboren und starb 814.（カール大帝は747年に生まれて814年に没した．）

(18)の同格は先行する Mein Onkel に補足的な情報を付け加える働きをしているのに対して，(19)の同格は先行する Karl と共に「カール大帝」という一つの概念を成している．この違いはコンマの有無や発話の仕方 — (18)では ein bekannter Maler の前後にポーズが置かれるが，(19)の Karl der Große は一息で読む — にも現れている．

先行詞が1格ではないのに「同格」として1格が用いられることもある．Valentin（1998：121）が挙げている次の例文では，「同格」の eine Altwohnung の先行詞 der Pension Imperator は3格である．

(20)　Ich wohne, (...), in der Pension Imperator, *eine Altwohnung* mit ächzendem Parkett und zwölf Zimmern.（私は ... ペンション「インペラートーア」に滞在する．これは，床がきしむ12部屋の古住居だ．）

かつては次のような1格の用法も多かったようだが，今日ではまれである．例は Dal（1966：4）が挙げているシラーの文章の一部である．

(21)　Ich hoffe *keines Menschen Schuldnerin* aus dieser Welt zu scheiden.（私は他人の債務者としてはこの世を去りたくない．— keines Menschen は前置された2格付加語．イタリックの部分は als keines Menschen Schuldnerin と同じ．）

3.3.3.1.4. 呼びかけの1格 Anredenominativ

「呼びかけ」の格として，ラテン語などには1格とは別に呼格 Vokativ という格があるが，ドイツ語では「呼びかけ」には1格が用いられる．

(22)　*Meine Damen und Herren*, heute habe ich eine erfreuliche Nachricht.（皆様，今日はうれしいニュースがあります．）

(23)　*Du* blöde Schreibmaschine, musst du jetzt kaputtgehen！（この

愚かなタイプライターめ，こんなときに壊れなきゃならないとは！― blöde Schreibmaschine は Du の同格。）

3.3.3.1.5. 独立的1格 absoluter Nominativ
以下の例文のイタリック部分は，述語動詞と文法的に結び付いていない「独立的1格」という用法である．（ドイツ語の Absoluter Nominativ は「絶対的1格」と訳されることが多いようだが，「独立的」の方が実態をよく表していると思われる．）

(24) Herr Meyer hat gekündigt, *ein großer Verlust*. （マイアーさんが退職を申し出た．大きな痛手だ．）

(25) Freilich, ich muß es sagen, es wird nichts mit ihm. Aber *ein guter Junge*, der mir alles zuliebe tut. （確かに彼はどうにもならないと言わざるを得ない．でも何でも私のためにしてくれる良い少年だよ．）(Schmidt 1977：136)

(26) Der Fürst fuhr durch das Schloßtor, *ein Reiter* voraus. （領主は城門を通った，1人の騎手を先頭に．）

これらはそれぞれ，より完全な文の省略と考えることができる．たとえば(24)は ..., das ist ein großer Verlust. と，また(25)は直前の ihm を er で受けて，Aber er ist ein guter Junge, ... と，さらに(26)は ..., ein Reiter ritt voraus. と復元することができる．3.3.3.1.3.に挙げた例文(20)の同格も Das ist eine Altwohnung mit ächzendem Parkett und zwölf Zimmern. の省略と考えれば「独立的1格」ということになる．

3.3.3.1.6. 名指しの1格 Benennungsnominativ
辞書の見出し語として名詞を挙げるとき(27)や，驚きの叫び(28)などにも1格を用いる．

(27) Staat, Staatsangehörigkeit, Staatsanwalt, Staatsanwältin, ...

(28) Ein schöner Anblick！（すばらしい眺めだ．）/ Feuer！（火事だ．）

また，ある対象や概念を1格で導入し，伝達の出発点を作ることもある．

(29) *Der Hans*, den mag ich. （あのハンスか，僕はあいつは好きだ．）

(30) *Ein Donnerschlag*, und alles war vorbei. （落雷があった．そしてすべては終わった．）

3.3.3.2. 2格

ここでは2格の用法を，2格付加語 Genitivattribut，動詞の2格目的語 Genitivobjekt，形容詞の目的語 Objekt von Adjektiven，述語内容詞 Prädikativum，副詞規定詞 Adverbial，同格 Apposition，その他の順に見ていく．

3.3.3.2.1. 2格付加語 Genitivattribut

現代ドイツ語における2格の最も重要な用法は，付加語として名詞を修飾する用法である．

(1) das Auto *des Vaters*（父の自動車）
(2) die Arbeiter *der Fabrik*（工場の労働者）
(3) die Liebe *der Mutter* zu den Kindern（子供への母の愛情）
(4) die Ermordung *des Königs*（国王の殺害）

上の例に見られるように，2格付加語は被修飾語である名詞の後ろに置かれるのが普通だが，次のように名詞の前に置かれることもある．

(5) *Goethes* Gedichte（ゲーテの詩）
(6) *Vaters* Auto（父の車）
(7) Müßiggang ist *aller Laster* Anfang.（無為は諸悪の元．）

(5)のような固有名詞，あるいは(6)のような固有名詞化した普通名詞が2格付加語のときは前に置かれるのが普通である．また，(7)のような諺や成句にもしばしば2格付加語の前置が見られる．さらに，文学作品などで文体的な効果を出すために2格付加語が前置されることもある．ただし固有名詞を2格付加語とするときでも die Gedichte Goethes のように，名詞に冠詞類が付いているときは2格付加語の前置はできない．なお，前置された2格付加語を「ザクセン2格」sächsischer Genitiv ということがある．この名称については第1巻の第1部理論編を参照してほしい（→1.1.4.）．

3.3.3.2.2. 動詞の2格目的語 Genitivobjekt

古い時代のドイツ語には2格目的語を取る動詞がかなり多かった．たとえば vergessen（…を忘れる）なども18世紀頃までは2格目的語と結び付くのが普通だった．しかし現代ドイツ語では2格目的語を取る動詞は少ない．

(8) Dieses Gesetz bedarf *der Zustimmung* des Landtags.（この法律

は州議会の承諾を必要とする。)
(9) Man hat ihn *des Diebstahls* angeklagt. (彼は盗みの罪で訴えられた。)
(10) Ich habe mich *seines Schutzes* versichert. (私は彼が保護してくれることを確認した。)

他に2格目的語を取る動詞には次のようなものがある。これらの動詞には2格目的語のほかに4格の再帰代名詞をあわせ伴うものが比較的多い。

der Genauigkeit entbehren (正確さを欠く)/*der Kriegsopfer* gedenken (戦争犠牲者を偲ぶ)/jn. *des Mordes* überführen (ある人の殺人罪を立証する)/jn. *des Diebstahls* beschuldigen(ある人に殺人の容疑をかける)/sich *der Kinder* annehmen(子供たちの世話をする)/sich *des Fahrstuhls* bedienen (エレベーターを使う)/sich *des Geldes* bemächtigen (金を奪い取る)/sich *des Lachens* enthalten (笑いをこらえる)

2格目的語を前置詞格目的語で置き換えることができる動詞もある。(11)も(12)も「私はその事件を覚えている。」という意味だが、2格目的語の(12)の方は「高尚な」あるいは「古風な」感じを与える。
(11) Ich erinnere mich *an den Vorfall*. (普通の文体)
(12) Ich erinnere mich *des Vorfalls*. (高尚・古風な文体)

3.3.3.2.3. 形容詞の目的語 Objekt von Adjektiven

形容詞が2格目的語を取ることもある。2格目的語を取る動詞に比べると、2格目的語を取る形容詞はかなり多い。
(13) Er ist *des Diebstahls* schuldig. (彼は窃盗の罪を犯した。)
(14) Ich bin *seiner* überdrüssig. (私は彼にうんざりしている。)
(15) Er ist sich *seiner Schuld* bewusst. (彼は自分の罪を自覚している。)

他に2格目的語を取る形容詞には次のようなものがある。これらの多くは「高尚な文体」や「古風な文体」に属するか、あるいは「書き言葉」の表現である。

ansichtig werden (…²を目にする)/bar sein (…²を欠く)/gewärtig sein (…²を覚悟する)/gewiss sein(…²を確信している)/habhaft werden (…²を捕まえる)/kundig sein (…²に精通している)/ledig sein (…²を免れて

いる)/sicher sein (…²を確信している)/verdächtig sein (…²の疑いが掛かっている)/würdig sein (…²に値する)/teilhaftig werden (…²を受ける)/verlustig gehen (…²を失う)

3.3.3.2.4. 述語内容詞 Prädikativum

2格名詞句には sein と結び付いて「Aは〜だ」の「〜だ」を表す用法がある．(16)や(17)などは日常的にもよく使われるが，成句的な表現であり，どんな名詞句でも2格にすれば述語内容詞として用いられるわけではない．また(18)は文語的な表現である．

(16) Ich bin *anderer Meinung*. (私は違う意見だ．)
(17) Sie war *guter Laune*. (彼女は上機嫌だった．)
(18) Ihr gebt dem Kloster, was *des Klosters* ist. (Schiller) (お前たちは修道院の物は修道院に与えるのだ．)

2格の述語内容詞の例は，他に次のようなものがある．

guter Dinge sein (ご機嫌だ)/*der Meinung* sein, dass ... (…という見解だ)/*des [festen] Glaubens* sein, dass ... (…と確信している)/*der Überzeugung* sein, dass ... (…と確信している)/*guter Hoffnung* sein (《文語》妊娠している)

3.3.3.2.5. 副詞規定詞 Adverbial

2格名詞句は時，場所，様態などの副詞規定詞として用いることができる．

(19) Das bereust du *eines Tages*. (それを君はいつの日か後悔するよ．)
(20) *Rechter Hand* sehen Sie den Dom. (右手に大聖堂がご覧になれます．)
(21) Er kam *frohen Mutes* nach Hause. (《雅語》彼は上機嫌で帰ってきた．)

副詞規定詞としての2格名詞句はほとんど成句となっている．どんな名詞の2格でも副詞規定詞として使えるというわけではない．たとえば meines Wissens (私の知る限り) とは言えるが，*meiner Vermutung (私の予想では) とは言えない．「私の予想では」は前置詞 nach を使って表す．

(22) *Meines Wissens* kommt er nicht. (私の知る限り彼は来ない．)
(23) **Meiner Vermutung* kommt er nicht. (私の予想では彼は来な

い．)
(24) *Nach meiner Vermutung* kommt er nicht. (私の予想では彼は来ない．)

副詞規定詞としての2格名詞句には他に次のような例がある．
　eines Morgens（ある朝）/eines Abends（ある晩）/eines Sonntags（ある日曜日）/eines Nachts（ある夜）/Unverrichteter Dinge（目的を達せずに）/leichten Fußes（《雅語》軽やかな足取りで）/erhobenen Hauptes（《雅語》顔を上げて）

上の例にある Nacht は女性名詞なので2格は本来ならば einer Nacht だが，同じように時を表す eines Morgens や eines Abends などに引きずられて男性名詞と同じ形の eines Nachts となっている．さらに，次の例のように完全に副詞に転じてしまったものもある．
　morgens（朝に）/abends（晩に）/nachts（夜に）/sonntags（日曜日に）/hungers [sterben]（《文語》飢えで［死ぬ］)/derart（このように ＜der Art)/größtenteils（たいていは ＜größten Teils)/kurzerhand（ただちに ＜kurzer Hand)

3.3.3.2.6. 同格 Apposition

2格目的語や2格付加語など，2格の名詞句に対する同格には原則として2格が用いられる．

(25) Er erinnerte sich Fritz Meiers, *seines Studienfreundes.* (彼は大学時代の友人のフリッツ・マイヤーのことを思い出した．) (Duden 1995: 637)

(26) Die Ankunft des D735, *eines Nachtschnellzugs,* erfolgte verspätet. (夜行急行列車の D735の到着は遅れた．) (Duden 1995: 637)

先行する名詞が2格であっても，後続する同格の名詞が無冠詞の場合には1格名詞句が用いられることもある(27)．ただし，同格の名詞に冠詞（あるいは付加語形容詞）が付く場合は2格になる(28)．

(27) das Wirken dieses Mannes, *Vorkämpfer* für die Rassengleichheit （人種平等運動の先鋒であるこの男性の活動）(DRGD)

(28) das Wirken dieses Mannes, *eines [mutigen] Vorkämpfers* für die Rassengleichheit （人種平等運動の［勇敢な］先鋒であるこの男性の活

動）（DRGD）

3.3.3.2.7. その他

諺や古風な表現ではあるが，2格名詞句が一見したところ「主語」のように用いられている文がある．

(29) *Der Worte* sind genug gewechselt. （Goethe）（議論はもう十分だ．＜言葉は十分に交された）

(30) *Aller guten Dinge* sind drei. （《諺》良いことは何でも三つある．）

これらの文では，genug や drei が名詞的に用いられており，前に置かれている2格名詞句はそれに掛かる付加語だと考えれば意味が取れる．つまり(29)ならば der Worte（言葉の）＋genug（十分な量）という，(30)ならば aller guten Dinge（あらゆる良いことの）→（あらゆる良いことについては）＋drei（三つ）という結び付きになっていると考えることができる．

3.3.3.3. 3格

ここでは3格の用法を，動詞の3格目的語 Dativobjekt, 利害の3格 Dativ commodi/incommodi, 所有の3格 Pertinenzdativ, 基準の3格 Dativus iudicantis, 関心の3格 Dativus ethicus, 形容詞の目的語 Objekt von Adjektiven, 同格 Apposition, その他の順に見ていく．

3.3.3.3.1. 動詞の3格目的語 Dativobjekt

3格名詞句は第一に動詞の目的語として用いられる．（1）と（2）では4格目的語と共に，（3）と（4）では4格目的語を伴わずに用いられている．

(1) Was hast du *deiner Mutter* geschenkt？（君はお母さんに何を贈ったの．）

(2) Er kaufte *dem Mann* sein Auto ab. （彼はその男から車を買い取った．）

(3) Sie hilft *ihrer Mutter* im Haushalt. （彼女はお母さんの家事を手伝う．）

(4) Diese Wohnung gefällt *mir* sehr. （この住居はとても気に入っている．）

3.3. 格

　（1）や（2）のように3格目的語と4格目的語の両方を取る動詞は数が多い．意味の点では(a)「…³に…⁴を与える」，(b)「…³に…⁴を伝える」あるいは(c)「…³から…⁴を取る」というタイプのものが多い．

　(a)　geben(与える)/bieten(提供する)/leihen(貸す)/liefern(配達する)/opfern (捧げる)/reichen (手渡す)/schicken (送る)/zuteilen (割り当てる)

　(b)　mitteilen(伝える)/befehlen(命じる)/erklären(説明する)/erzählen(物語る)/sagen (言う)/verraten (そっと教える)/verschweigen (教えない)

　(c)　nehmen(取る)/absprechen(奪う＝与えることを認めない)/entziehen(剥奪する)/rauben(奪う)/stehlen(盗む)/wegnehmen(取り上げる)

　（3）や（4）のように4格目的語は取らずに3格目的語を取るものも少なくないが，上の(a)(b)(c)のように明確な意味のタイプに分類することはできない．ここでは便宜上，(d)主に人を主語とする動詞と，(e)主に事物を主語とする動詞に分けて挙げておく．

　(d)　begegnen(…³に出会う)/beistehen(…³を助ける)/danken(…³に感謝する)/folgen(…³について行く)/gehorchen(…³に従う)/schmeicheln(…³におもねる)/trotzen(…³に逆らう)/zustimmen(…³に賛成する)

　(e)　nützen(…³に役立つ)/passieren(…³の身に起こる)/einfallen(…³に思い浮かぶ)/fehlen(…³に欠けている)/gehören(…³のものだ)/verbleiben(…³に残されている)/ zustehen (…³に与えられる)

上に挙げた例からも見て取れるように，3格目的語になる名詞は人を表すものが圧倒的に多い．人ではなく事物を3格目的語とする動詞としてはaussetzen や hinzufügen などがある．

　（5）　Sie hat ihre Haut *der Sonne* ausgesetzt.（彼女は肌を太陽に晒してしまった．）

　（6）　Er fügt *der Suppe* etwas Salz hinzu.（彼はスープに少し塩を加える．）

直接目的語と間接目的語　4格目的語は**直接目的語** direktes Objekt と，3格目的語は**間接目的語** indirektes Objekt と呼ばれることがある．上の(a)～(c)に挙げたような動詞に関しては，たしかに4格目的語の方が3格目的

語よりも動作や行為の直接的な影響を受けていると感じられる．また文法的にも，4格目的語の方が3格目的語よりも必須性が高い，あるいは4格目的語は werden を使った受動文では主語に格上げされるが，3格目的語は主語にはならないなどの点に，動詞との結び付きの緊密さの違いが現れていると言える．もっとも(d)や(e)のような動詞に関しては，そもそも3格目的語が唯一の目的語なので「直接」か「間接」かという区別は成り立たない．したがって「直接目的語―間接目的語」という区別は3格目的語と4格目的語の両方を取りうる動詞についてのみ問題になり，「3格目的語イコール間接目的語」というわけではない．

3.3.3.3.2. 利害の3格 Dativ commodi/incommodi

（7）の3格は「テレビを修理する」という行為が「彼女」の利益になるということを表している．逆に(8)の3格は「皿を割る」という行為が「彼女」の不利益になるということを表している．このような3格を「利害の3格」と呼ぶ．

（7） Er hat *ihr* den Fernseher repariert. （彼は彼女のためにテレビを修理してあげた．）

（8） Er hat *ihr* den schönen Teller zerbrochen. （彼女は彼に素敵な皿を割られた．＜ 彼はその素敵な皿を割って彼女に不利益を被らせた）

一般に利害の3格は，それが無くても既に完全な文 ― 例えば(7)ならば Er hat den Fernseher repariert. ― に任意に付け加え得るとされ，3格目的語とは区別して**自由な3格** freier Dativ と呼ばれることが多い．しかし最近の研究では，文法的には3格目的語との共通点が多いということが明らかにされ，「3格目的語」と「自由な3格」の区別は相対化されている（この点については後述する）．

（7）や(8)では人の行為 ― 意図的であろうとなかろうと ― によって利害を受けるということが表されているが，次の例文(9)～(11)では，人の行為ではなく，出来事によって利害を受けるということが表されている．

（9） *Mir* ist der PC kaputtgegangen. （私はパソコンが壊れてしまった．）

（10） *Ihr* ist der Mann gestorben. （彼女は夫が亡くなった．）

（11） *Mir* ist der Motor endlich angesprungen. （やっとエンジンが掛

3.3. 格

かってくれた。)

ただし, ある行為を「他人のために」行うのならばどのような場合でも利害の3格を用いることができるというわけではない(次の例文(12)は小川(1991 a), (13)は Welke(1989)による)。

(12) a. Sie kocht *für mich* jeden Tag. (彼女は私のために毎日料理してくれる。)

b. *Sie kocht *mir* jeden Tag. (彼女は私のために毎日料理してくれる。)

c. Sie kocht *mir* jeden Tag die Suppe. (彼女は私のために毎日そのスープを作ってくれる。)

(13) a. Paul beobachtet *für seinen Chef* die Kollegen. (パウルは上司のために同僚を見張る。)

b. *Paul beobachtet *seinem Chef* die Kollegen. (パウルは上司のために同僚を見張る。)

上に挙げた(7)〜(11)では「テレビを修理する」,「皿を割る」,「パソコンが壊れる」,「夫が亡くなる」,「エンジンが掛かる」というように, いずれも3格の人物がそれによって利害を受けるような新たな事態が生じると見なすことができる。それに対して(12)aとbの「料理する」や(13)の「同僚を見張る」という行為は新たな事態を生じさせるわけではない。たとえば(12)の kochen でも, (12)c のように4格目的語 die Suppe を加えれば利害の3格を用いることができる。「料理する」という単なる行為ではなく「スープを作る」という, 新たな事態を生じさせる行為になるので利害の3格が用いられ得るのである。

さて, 何らかの出来事がある人にとって「利益」となるか「不利益」となるかは一概には決められない。たとえば「テレビを修理する」ということは常識的に考えればテレビの持ち主にとっては「利益」になるだろうが, 何等かの理由からテレビを修理して欲しくないような人にとっては「不利益」にもなり得る。したがって利害の3格が「利益」の意味に解釈されるか「不利益」の意味に解釈されるかは, 最終的には文が用いられる状況に左右される。

3.3.3.3.3. 所有の3格 Pertinenzdativ

次の例文(14)では3格の dem Kind と4格の die Füße との間に「人—その人の身体部位」という関係が見られる。

(14) Er wäscht *dem Kind* die Füße. （彼はその子の足を洗ってあげる．）

日本語で「その子の足を」というところをドイツ語では「その子に・足を」というように3格を使って表すことが多い．このような3格は一般に**所有の3格** Pertinenzdativ と呼ばれている．所有の3格に関係する身体部位は，(14)では4格目的語が，(15)では主語が，(16)では前置詞句の4格名詞が表している．

(15) *Mir* brummt *der Kopf*. （私は頭がガンガンする．）
(16) Sie trat *dem Herrn* auf *den Fuß*. （彼女はその男性の足を踏んだ．）

所有の3格に関係する対象は身体部位がほとんどだが，身体部位の延長と考えられる衣服や靴などの場合もある．

(17) *Mir* rutscht *die Hose*. （私はズボンが下がってしまう．）
(18) Sie trat *dem Herrn* auf *den Schuh*. （彼女はその男性の靴を踏んだ．）

所有の3格として再帰代名詞が用いられることも多い．

(19) Ich putze *mir* die Zähne. （私は[自分の]歯を磨く．）
(20) Sie hat *sich* die Finger verbrannt. （彼女は[自分の]指を火傷した．）

所有の3格の代わりに2格付加語や所有代名詞を用いても同じ関係を表すことができる．

(21) a．Sie wäscht *dem Kind* die Füße. （彼女はその子の足を洗ってあげる．）
　　 b．Sie wäscht die Füße *des Kindes*. （彼女はその子の足を洗う．）
　　 c．Sie wäscht *seine* Füße. （彼女は彼の足を洗う．）

このことから，所有の3格は動詞と直接結び付いて文を構成する文肢ではなく，文肢の一部を成す付加語であると説明されることが多かった．しかし最近の研究で明らかにされているように，文法的には3格目的語や利害の3格と大きく異なるわけではない．次にこの点について述べる．

目的語の3格―利害の3格―所有の3格　利害の3格を「自由な3格」とし，

3.3. 格

また所有の3格も「付加語」とすることにより，これらを「3格目的語」とは本質的に異なるとする考え方は，最近の多くの研究において否定されている。まず第1に，利害の3格にも所有の3格にも3格目的語と同じ文法的操作を施すことができる。それぞれの代表的な例文を比べてみよう。

(22) Er schenkt *ihr* ein Auto. （彼は彼女に車を贈る。）
(23) Er wäscht *ihr* das Auto. （彼は彼女に車を洗ってあげる。）
(24) Er wäscht *ihr* die Haare. （彼は彼女の髪を洗う。）

ihr は，(22)では3格目的語，(23)では利害の3格，(24)では所有の3格であるが，これら3種類の3格には次の三つの点が共通している。

a．単独で文頭に置くことができる。

(22) a. *Ihr* schenkt er ein Auto. （彼女に彼は車を贈る。）
(23) a. *Ihr* wäscht er das Auto. （彼女に彼は車を洗ってあげる。）
(24) a. *Ihr* wäscht er die Haare. （彼女の髪を彼は洗う。）

b．3格の人物を問う疑問文ができる。

(22) b. *Wem* schenkt er ein Auto? （彼は誰に車を贈るの？）
(23) b. *Wem* wäscht er das Auto? （彼は誰に車を洗ってあげるの？）
(24) b. *Wem* wäscht er die Haare? （彼は誰の髪を洗うの？）

c．bekommen-受動文の主語にできる。

(22) c. *Sie* bekommt ein Auto geschenkt. （彼女は車を贈られる。）
(23) c. *Sie* bekommt das Auto gewaschen. （彼女は車を洗ってもらう。）
(24) c. *Sie* bekommt die Haare gewaschen. （彼女は髪を洗ってもらう。）

第2に，3種類の3格は常に明確に区別できるわけではない。

(25) Er hat *ihr* einen Ring geschenkt. （彼は彼女に指輪を贈った。）
(26) Er hat *ihr* einen Ring gekauft. （彼は彼女に指輪を買ってあげた。）

一般に(25)の3格は「贈る相手」を表す3格目的語とされているが，贈るという行為によって「利益を受ける人」と考えれば利害の3格と見なすこともできる。また(26)の3格は一般に利害の3格とされているが，「買った指輪を与える相手」と考えれば3格目的語と見なすこともできる。

(27) Er wäscht *ihr* das Auto. （彼は彼女に車を洗ってあげる。）

(28) Er wäscht *ihr* die Haare. （彼は彼女の髪を洗う．）

(27)の3格は利害の3格とされているが，3格の「彼女」は車の所有者である可能性も十分にあり，その場合は所有の3格と見なすこともできるだろう．また(28)の3格は一般に所有の3格とされているが「彼女の髪を洗う」という彼の行為によって利害を受ける人と考えることも十分に可能だ．このように3種類の3格は，たしかに典型的な例においてはそれぞれの独自な特徴を示しているものの，三つの間の区別は流動的だと考えるべきである．

3.3.3.3.4. 基準の3格 Dativus iudicantis

3格には「〜過ぎる」や「十分〜だ」などと判断を下す際の判断の基準となる人物を表す用法がある．

(29) Die Zeit vergeht *mir* zu schnell. （私には時間が経つのが速すぎる．）

(30) Das Zimmer ist *ihm* groß genug. （その部屋は彼には十分な広さだ．）

一般に基準の3格は「zu＋形容詞/副詞」や「形容詞/副詞＋genug」という語句が含まれている文で用いられる．(32)のように，単に groß（大きい）や sehr groß（とても大きい）という意味の文には基準の3格を用いることはできない．

(31) *Mir* ist diese Wohnung zu groß. （私にはこの住居は大きすぎる．）

(32) *Mir ist diese Wohnung [sehr] groß. （私にはこの住居は[とても]大きい．）

また，für＋4格でも基準の3格とほぼ同じ意味を表すことができる．ただし(34)に見られるように für＋4格は zu（〜過ぎる）や genug（十分〜だ）を伴わなくても用いることができる．

(33) *Für mich* ist diese Wohnung zu groß. （私にとってこの住いは大きすぎる．）

(34) *Für mich* ist diese Wohnung [sehr] groß. （私にとってこの住いは[とても]大きい．）

3.3.3.3.5. 関心の3格 Dativus ethicus

感嘆文，命令文，要求文などに人称代名詞の3格が添えられることがある．

(この項目の記述は小川(1991b)に負うところが大きい.)
- (35) Der war *dir* besoffen! (あいつは，君ねえ，ひどく酔っ払っていたよ.)
- (36) Bist du *mir* aber groß geworden! (やあ，ずいぶん大きくなったなあ.)
- (37) Komm *mir* nicht so spät! (そんなに遅れて来たらだめだよ！)

(35)の dir は聞き手の関心を喚起する気持，(36)の mir は意外な事実に対する驚きの気持，(37)の mir は事柄の実現に対する話手の強い関心を表している．このような3格は**関心の3格** Dativus ethicus と呼ばれている．関心の3格として用いられるのは1人称と2人称の人称代名詞だけである．

関心の3格は，その意味的な働きや文法的特徴（例えば「文頭に置くことはできない」など）から**心態詞** Modalpartikel の一種に転化しているとする考え方もある．

3.3.3.3.6. 形容詞の目的語 Objekt von Adjektiven

3格名詞・代名詞が述語形容詞の意味を補うことがある．これを形容詞の目的語という．

- (38) Sie ist *ihrer Mutter* sehr ähnlich. (彼女は母親によく似ている.)
- (39) Das wäre *mir* lieber. (その方が私には好ましいのですが.)
- (40) Er war *mir* bei der Arbeit behilflich. (彼は私の仕事を手伝ってくれた.)

形容詞と結び付く3格名詞・代名詞は多くの文法書で「目的語」と呼ばれているが，上の(40)のように行為の対象と見なせる例はあまり多くない．以下の例文中の3格も，動的な行為の対象というよりは，態度を向ける対象である．特に最後の2例の mir は行為の対象というよりはむしろ認識の主体である．

Bist du *mir* böse?（私のこと怒っているの？）/Sie war *dem Plan* abgeneigt.（彼女はその計画に乗り気ではなかった.）/Mein Vater ist *dem Alkohol* abhold.（父は酒が嫌いだ.）/Der Mann ist *mir* fremd.（その男は私の知らない人だ.）/Davon ist *mir* nichts bekannt.（それについて私は何も知らない.）

それに比べて(39)のように3格名詞・代名詞が「～にとって」という意味

を表すと考えられる例は数が多い．

angenehm sein（…³にとって快適だ）/peinlich sein（…³にとって気まずい）/recht sein（…³にとって好都合だ）/unangenehm sein（…³にとって心苦しい）/zuwider sein（…³にとって不快だ）/nützlich ⟨dienlich⟩ sein（…³にとって役立つ）

これらの他にも，egal（どうでも良い），wichtig（重要だ）など，3格で「…にとって」という意味を付け加えることができる形容詞は数多い．また，感覚や感情の担い手を3格で表す例も多い．これらは一般に無主語文で用いられる．

Mir ist schlecht ⟨übel⟩．（私は気分が悪い．）/*Mir* ist wohl．（私は気分が良い．）/*Mir* ist angst．（私は不安だ．）/*Mir* ist kalt ⟨heiß⟩．（私は寒い⟨暑い⟩．）/*Mir* wird schwindlig．（私はめまいがする．）

形容詞ではなく動詞を用いた文だが，*Mir* graut．（私は恐ろしい．）や *Mir* schwindelt．（私はめまいがする．）などの3格もこのグループに入れることができる．

3.3.3.3.7. 同格 Apposition

3格の名詞句に対する同格の名詞句は原則として3格になる．

(41) Wir begegneten Herrn Müller, *unserem Lehrer*. （私達は先生のミュラーさんに会った．）

ただし，先行する名詞が3格以外でも同格の名詞が3格になることもある．（もっとも DRGD はこのような3格を誤用としている．）

(42) Der Preis für Brot, *dem Grundnahrungsmittel* der Bevölkerung, ... （住民の基本的食物であるパンの値段は…）

3.3.3.3.8. その他

特にドイツ南部の口語では「父の家」を dem Vater sein Haus，「ペーターの車」を dem Peter sein Auto と言うことがある．

(43) *Dem Peter* sein Auto imponiert mir．（ペーターの車に私は感銘を受けた．）

(44) Ich habe *dem Peter* seiner Mutter nichts davon gesagt．（私はペーターのお母さんにそれについて何も言わなかった．）

3.3. 格

3.3.3.4. 4格

ここでは4格の用法を，動詞の4格目的語 Akkusativobjekt，動詞の擬似目的語 Scheinobjekt，述語内容詞 Prädikativum，副詞規定詞 Adverbial，形容詞の目的語 Objekt von Adjektiven，同格 Apposition，独立的4格 absoluter Akkusativ の順に見ていく．

3.3.3.4.1. 動詞の4格目的語 Akkusativobjekt
4格で最も重要なのは動詞の目的語としての用法である．
（1） Er wäscht jeden Sonntag *sein Auto*. （彼は毎週日曜日に車を洗う．）
（2） Sie hat *den Arzt* gefragt. （彼女は医者に尋ねた．）
（3） Ich habe *die Schritte* gehört. （私はその足音を聞いた．）

1．**4格目的語の特徴**　4格目的語には次のような特徴がある．
a．4格目的語は ― 名詞で表されている場合 ― 4格の人称代名詞に置き換えることができる．
　（1）　a.　Er wäscht *es* jeden Sonntag.　　　←（1）
　（2）　a.　Sie hat *ihn* gefragt.　　　←（2）
b．4格目的語は4格の疑問代名詞で尋ねることができる．
　（1）　b.　*Was* wäscht er jeden Sonntag?　　　←（1）
　（2）　b.　*Wen* hat sie gefragt?　　　←（2）
c．動詞が受動態にできる場合，4格目的語は受動文の主語になる．
　（1）　c.　*Sein Auto* wird jeden Sonntag gewaschen.　←（1）
　（2）　c.　*Der Arzt* ist von ihr gefragt worden.　　←（2）
ただし，「主語 ― 動詞 ― 4格名詞・代名詞」という結び付きでも，一般に次のような場合は受動文にできない．
ⅰ．述語動詞が「主語が対象に対して働きかける」という意味を十分には表していない場合．
　　　　Er besitzt *ein Wochenendhaus*. （彼は別荘を持っている．）
　　　　Sie hat *eine Belohnung* bekommen. （彼女は褒美を貰った．）
　　　　Sein Tod bedeutet *einen großen Verlust*. （彼の死は大きな喪失だ．）

ii．主語と4格名詞・代名詞の間に「全体と部分」の関係がある場合や4格が再帰代名詞の場合（つまり主語と4格代名詞が同一の対象を表す場合）．

   Er erhob *seine Hand*. （彼は手を挙げた．）
   Er wäscht *sich*. （彼は体を洗う．）

 文法書によっては，受動文の主語にできる4格名詞・代名詞のみを4格目的語とする記述も見られるが，ここでは受動文の主語にできなくても，人称代名詞に置き換えることができるか，was あるいは wen で問うことができる4格名詞句は4格目的語とみなす．

２．従属文や不定詞句　4格の名詞・代名詞の代わりに，従属文や不定詞句などが4格目的語の位置を占めることもある．

 （4）　Er bereut, *dass er nicht mit uns nach Berlin gefahren ist*. （彼は私達と一緒にベルリーンに行かなかったことを後悔している．）
 （5）　Sie hat mir versprochen, *mir zu helfen*. （彼女は手伝ってくれると私に約束した．）

３．4格の再帰代名詞　再帰代名詞が4格目的語となる場合もある．

 （6）　Ich wasche *mich*. （私は体を洗う．＜私は自分を洗う）
 （7）　Er ruiniert *sich*. （彼は体を悪くする．＜彼は自分を傷める）

（6）の waschen は Ich wasche *mein Kind*. （私は子供を洗ってやる．）のように，また（7）の ruinieren も Er ruiniert *seine Gesundheit*. （彼は健康を損ねる．）のように，再帰代名詞以外の4格目的語と共に用いることもできるが，sich erholen（休養する）や sich schämen（恥じる）などには再帰代名詞以外の4格目的語が現れることはない．これらは「再帰用法専用」の動詞である．それに対して sich waschen や sich ruinieren などは他動詞の再帰的用法である．

3.3.3.4.2. 動詞の擬似目的語 Scheinobjekt

 動詞と結び付く4格名詞句には，一見すると目的語のようでありながら，実際には動詞が表す動作や行為の対象を表していないものがある．ここではこれらを「擬似目的語」としてまとめておく．以下，**内的目的語** inneres Objekt，**編入目的語**，**機能動詞構造の構成要素**の順に見ていく．

１．内的目的語　（8）の Schlaf（眠り）と schlafen（眠る）や（9）の Gang（歩

み）と gehen（歩む）のように，4格の名詞が動詞と同じ概念を表す表現がある．
 (8) Sie schlief *den Schlaf der Gerechten.* （彼女はぐっすり眠った．＜善人の眠りを眠った）
 (9) Hier geht alles *seinen alten Gang.* （ここでは全てが昔の通りに行われている．＜その旧来の歩みを歩む）

これらの4格名詞は表面的には目的語のように見えるが，動作や行為の対象を表しているのではなく，der Gerechten（善人の）や alten（旧来の）などの付加語と結び付いて動詞の概念を修飾する働きをしている．名詞の表す概念がすでに動詞に含まれているので，これらは**内的目的語**と呼ばれている．4格名詞と動詞が同じ概念を表すことから**同属目的語** kognates Objekt と呼ばれることもある．他にも次のような例がある．

 einen klaren Gedanken denken（明瞭に思考する）/einen schweren Kampf fechten（苦戦する）/einen schrecklichen Tod sterben（ひどい死に方をする）/einen schweren Albtraum träumen（ひどい悪夢を見る）

内的目的語は行為の対象を表すわけではないので，一般に受動文の主語にはならない．なお，Bausewein（1990：75）には内的目的語を主語にした受動文の実例が挙げられているが，これは例外的な表現である．Nun weinte es das bitterste Weinen, das Kinder weinen können: jenes, *das innerlich geweint wird* und das man nicht hört.（今やその子は子供にできる一番切なそうな泣き方で泣いた．心の中で泣いて人には聞こえないようなあの泣き方で．Kurt Tucholsky: *Schloß Gripsholm*）

２．**編入目的語** （10）の Staub や（11）の Eis は4格名詞だが，あたかも分離動詞の前綴りのように動詞と一まとまりで「掃除機をかける＜埃を吸う」や「スケートをする＜氷を走る」という意味を表している．
 (10) Sie saugt jeden Tag *Staub.* （彼女は毎日掃除機をかける．）
 (11) Er läuft gern *Eis.* （彼はスケートをするのが好きだ．）

これらの4格名詞は，Staub-saugen や Eis-laufen という言わば一つの動詞に編入されていると見なせるので**編入目的語** inkorporiertes Objekt と呼ばれている．実際，Staub saugen は staubsaugen という動詞としても辞書に記載されている．また，Eis laufen も従来の正書法では eislaufen と書くこと

も認められていた．編入目的語としての4格名詞は，普通の目的語のように行為の対象を表すのではなく，名詞の概念を使って動詞が表す動作を限定したり修飾したりしているに過ぎない．つまり名詞ではあっても実体的な対象を指し示しているのではない．そのため，原則として単数形で，冠詞類や付加語形容詞が付かない．他にも次のような例がある．

Auto fahren(車を運転する)/Radio hören(ラジオを聴く)/Zeitung lesen (新聞を読む)/Dank sagen (礼を言う)/Salut schießen (礼砲を打つ)/ Rad schlagen(側転する)/Klavier spielen (ピアノを弾く)/Kopf stehen (《口語》仰天する；倒立する)/Schlange stehen(長蛇の列を作って並ぶ)

Dank sagen は danksagen と綴ることもできる．また，従来の正書法では radschlagen, kopfstehen とも綴られた．なお，たとえば Zeitung という名詞が lesen と結び付くときは必ず編入目的語になるというわけではない．Zeitung という名詞が実体的な対象を指し示しているときは普通の4格目的語と同じである．

(12)　Er liest die Zeitung. 　(彼はその新聞を読む.)

(13)　Er liest jeden Tag fünf Zeitungen. 　(彼は毎日新聞を5紙読む.)

3．機能動詞構造の構成要素　編入目的語の場合と同じように，4格名詞が動詞と結び付いて一つのまとまった動作や行為を表す形式には**機能動詞構造** Funktionsverbgefüge と呼ばれるものもある．

(14)　Er hat an diesem Vorschlag *Kritik* geübt.　(彼はこの提案を批判した.)

(15)　Er nahm von seiner Familie *Abschied*.　(彼は家族に別れを告げた.)

編入目的語を含む表現では saugen の「吸う」や laufen の「走る」というような動詞本来の意味が残っているが，機能動詞構造では üben の「練習する」や nehmen の「取る」といった動詞本来の意味は薄れ，むしろ4格名詞の方が動作や行為の実質的な意味を担っている．動詞は，時制や法などの文法機能を担うのが主な働きとなっているので機能動詞と呼ばれる．なお，編入目的語には原則として付加語形容詞が付かないが，機能動詞構造の4格名詞には付加語形容詞が付くこともある．

(16)　Sein Vorschlag fand *große Beachtung*.　(彼の提案はとても注目さ

れた．）

4 格名詞を含む機能動詞構造には次のような例がある．
Protest erheben（抗議する）/Anwendung finden（用いられる）/Einwilligung geben（同意する）/Ausschau halten（待ち望む）/Hilfe leisten（援助をする）/Rücksicht nehmen（思いやる）/Sorge tragen（配慮する）/Ausdruck verleihen（表現する）

3.3.3.4.3. 述語内容詞 Prädikativum

nennen, heißen, schelten, schimpfen などと結び付き「AをBと呼ぶ」や「AをBだと叱る」などの「B」に相当する．同定 4 格 Gleichsetzungsakkusativ と言うこともある．

(17) Sie nennt ihn *einen Lügner*.（彼女は彼のことを嘘つきだと言う．）
(18) Sie hießen das Schiff „*Titanic*".（彼らはその船を「タイタニック」と命名した．）

目的語と異なり述語内容詞は 4 格の人称代名詞で置き換えられない．置き換えるとしたら so を用いる．また，述語内容詞を wen や was で問うこともできない．

(17) → *Sie nennt ihn *ihn.*/Sie nennt ihn *so.*
(17) → **Wen* nennt sie ihn ?/*Wie* nennt sie ihn ?
(18) → **Was* hießen sie das Schiff ?/*Wie* hießen sie das Schiff ?

3.3.3.4.4. 副詞規定詞 Adverbial

4 格の名詞句は時間や空間を表す副詞規定詞としても用いられる．
(19) Sie arbeitete *den ganzen Tag*.（彼女は一日中働いた．）
(20) Er ging *den ganzen Weg* zu Fuß.（彼は全行程を歩いた．）

4 格名詞句が時間を表す副詞規定詞として用いられる例として，他に次のようなものがある．

(a) nächstes Jahr（来年）/vorige Woche（先週）/letzten Sonntag（前の日曜日に）
(b) jedes Jahr（毎年）/jede Nacht（毎夜）/alle drei Monate（3 ヶ月ごとに）
(c) eine Woche（1 週間）/die ganze Nacht（一晩中）/drei Stunden（3

時間)

(c)に挙げた時間の長さを表す4格副詞規定詞には lang や über などを付け加えて，eine Woche lang や die ganze Nacht über などとすることができる．また，空間を表す4格副詞規定詞には次のように hinauf, hinunter, hoch, tief, weit, näher, nach vorn などの副詞[句]を付け加えることも多い．

den Berg *hinauf* (山を登って)/einen Schritt *näher* (一歩近くへ)/einen Meter *hoch* springen (1メートル飛び上がる)

4格副詞規定詞は4格目的語と異なり，一般に（ⅰ）動詞の格支配を受けない，（ⅱ）受動文になっても4格のままで，主語にはならない，（ⅲ）副詞句に置き換えることはできるが，代名詞には置き換えられない，などの特徴がある．たとえば(19)については，（ⅰ）動詞 arbeiten が4格を要求しているのではない，（ⅱ）受動文は *Den ganzen Tag* wurde gearbeitet. となり*Der ganze Tag wurde gearbeitet. とはならない，（ⅲ）den ganzen Tag は例えば so lange に置き換えることはできるが ihn に置き換えることはできない，というようにこれらの特徴が当てはまる．

しかし，距離や行程を表す4格副詞規定詞には（ⅱ）や（ⅲ）の特徴が当てはまらないこともある．たとえば次の(21)のようにaの4格名詞句がbの受動文の主語になる例や，(22)のようにaの4格名詞句がbの4格の人称代名詞に置き換えられる例などはしばしば指摘されている．

(21) a. Sie lief *100 Meter* in 9 Sekunden. （彼女は100メートルを9秒で走った．）

b. → *100 Meter* wurden von ihr in 9 Sekunden gelaufen. (Bausewein 1990：59)

(22) a. Er fährt *diese Strecke* drei Mal im Jahr. （彼はこの区間を年3回走る．）

b. → Er fährt *sie* drei Mal im Jahr. (Dürscheid 1999：33)

たしかに，(21)の laufen や(22)の fahren は典型的な移動の自動詞であり，4格名詞句が明らかに空間関係を表していることから，これらの4格を副詞規定詞と見なすこともできるが，自動詞が他動詞化されて4格目的語を取ったと考えることもできる．そう考えれば(21)aの「100メートル」や(22)aの「この区間」は「走り通す」という行為の「対象」ということになり，(21)bや(22)bのような書き換えができることも納得できる．つまり，これらの4格

名詞句は目的語と副詞規定詞の中間に位置すると考えられる．
次の例文の4格も目的語と副詞規定詞の中間にあると考えられる．
(23) Das Buch kostet *50 DM*. （その本の値段は50マルクだ．）
(24) Der Koffer wiegt *einen halben Zentner*. （スーツケースは25キロの重さだ．）

これらの4格名詞句は「主語の行為が及ぶ対象」を表すわけではない．また，人称代名詞に置き換えることができないという点でも4格目的語とは異なる．しかし，kosten, wiegen, messen, betragen などの動詞によって要求され，「価格」「重量」「寸法」などを表すという点では，動詞の支配を受けない自由な添加語 freie Angabe（→1.1.4.）として「時間」や「空間」を表すという典型的な副詞規定詞とも異なる．実際に，文法書によって4格目的語との関連で扱われている場合と，副詞規定詞との関連で扱われている場合がある．

3.3.3.4.5. 形容詞の目的語 Objekt von Adjektiven

4格名詞句は形容詞の目的語として用いられることもある．
(25) Sie ist endlich *den Schnupfen* los. （彼女はやっと鼻風邪が治った．）
(26) Er ist *schwere Arbeit* gewohnt. （彼は重労働に慣れている．）
(27) Ich bin ihm noch *Geld* schuldig. （私は彼にまだお金の借りがある．）

4格名詞句を目的語とする形容詞には他に次のようなものがある．これらは目的語として2格名詞句を取ることもある．

wert sein（…4・2に値する）/quitt werden（…4・2と縁が切れる）/gewahr werden（…4・2に気付く）/überdrüssig sein（…2・4にうんざりしている）

3.3.3.4.6. 同格 Apposition

4格の名詞に対する同格の名詞は原則として4格になる．
(28) Wir begrüßen Herrn Müller, *den Arzt*. （私達は医者のミュラーさんに挨拶する．）

4格名詞句に対する同格の名詞が3格になることもある．ただし DRGD はこれを誤用としている．

(29) Der Preis für Brot, *dem Grundnahrungsmittel der Bevölkerung,* … （住民の基本的食物であるパンの値段は…）

3.3.3.4.7. 独立的4格 absoluter Akkusativ
独立的4格は独立的1格に対応する形式である．
(30) *Den Hut* in der Hand, betrat er das Zimmer. （帽子を手にして彼は部屋に入った．）
(31) Louise kommt zurück, *einen Mantel* umgeworfen. （ルイーゼはコートを羽織って戻ってくる．）

これらは，必ずしも完全な形の表現に復元できるとは限らないが，適当な動詞（の現在分詞）を補って考えることができる．たとえば(30)ならば den Hut in der Hand *haltend*（帽子を手に持って）と，また(31)ならば einen Mantel umgeworfen *habend*（コートを羽織って）と考えることができる．

3.3.3.5. 前 置 詞 句

1格，2格，3格，4格に続き，文中での前置詞句の用法もここで概観する．以下，副詞規定詞 Adverbial, 動詞の前置詞格目的語 Präpositionalobjekt, 形容詞の目的語 Objekt von Adjektiven, 付加語 Attribut, 述語内容詞 Prädikativum, その他の順に見ていく．

3.3.3.5.1. 副詞規定詞 Adverbial
前置詞句で最初に挙げるべき用法は副詞規定詞である．
（1） Ich arbeite *in einer Autofabrik*. （私は自動車工場で働いている．）
（2） Sie ist *für drei Wochen* verreist. （彼女は3週間の予定で旅に出た．）
（3） Er liest den Roman *in einem Zug*. （彼はその小説を一気に読む．）
（4） Das Kind hat *aus Angst* gelogen. （その子は恐かったから嘘をついた．）

それぞれの前置詞句は，（1）では「私が働く**場所**」を，（2）では「彼女が旅行する予定の**期間**」を，（3）では「彼が小説を読む**読み方**」を，（4）では「その子が嘘をついた**理由**」を表している．

3.3.3.5.2. 動詞の前置詞格目的語 Präpositionalobjekt

（1）から（4）の前置詞句と異なり，次のような前置詞句は一般に動詞の目的語とされている．

（5） Wir warten *auf den Zug*. （私達は列車を待っている．）
（6） Sie beschäftigt sich *mit einem schwierigen Problem*. （彼女はある難しい問題に取り組んでいる．）
（7） Er erinnert sich *an den Unfall*. （彼は事故のことを思い出す．）

（5）の auf den Zug は warten（待つ）という行為の対象を，（6）の mit einem schwierigen Problem は sich beschäftigen（取り組む）という行為の対象を，また（7）の an den Unfall は sich erinnern（思い出す）という意識作用の対象を表している．

3.3.3.5.3. 形容詞の目的語 Objekt von Adjektiven

前置詞句には述語形容詞の意味を補う用法もある．

（8） Er ist *mit dem Vorschlag* nicht einverstanden. （彼はその提案に同意していない．）
（9） Sie ist schuld *an dem Unfall*. （彼女はその事故に責任がある．）

（8）の mit dem Vorschlag は「同意の対象」を，（9）の an dem Unfall は「責任の対象」を表している．このような前置詞句も多くの文法書では目的語とされている．次の例に見られるように，気持や考えを表す形容詞には前置詞句の目的語と結び付くものが多い．

an …[3] interessiert sein（…に関心がある）/auf …[4] eifersüchtig sein（…に嫉妬している）/auf …[4] 〈nach …[3]〉 begierig sein（…を渇望している）/auf …[4] gefasst sein（…を覚悟している）/mit …[3] zufrieden sein（…に満足している）/über 〈um〉 …[4] froh sein（…が嬉しい）/über 〈auf〉 …[4] ärgerlich sein（…に腹が立つ）/um …[4] besorgt sein（…を気遣う）/von …[3] begeistert sein（…に夢中になっている）/zu …[3] fähig sein（…の能力がある）

副詞規定詞か目的語か 副詞規定詞に用いられる前置詞と目的語に用いられる前置詞にはどのような違いがあるのだろうか．以下，二つの点を中心に見ておく．

1．多くの文法書によれば，副詞規定詞の場合は表される関係に応じてさまざまな前置詞が用いられるが，目的語の場合は前置詞が動詞の前置詞支配によって決まっているので，任意の前置詞で置き換えることはできない．
(10) Wir warten *auf der Brücke.* （私達は橋の上で待っている．副詞規定詞）
　　⇒ Wir warten *unter / vor / hinter der Brücke.* （私達は橋の下 / 手前 / 向こうで待っている．）
(11) Wir warten *auf den Zug.* （私達は列車を待っている．目的語）
　　⇒ Wir warten **unter /*vor /*hinter den Zug.*

しかし，多くの文法書で目的語とされている前置詞句にも，前置詞を置き換えることができ，置き換えに伴って文の意味が変わる例(12)(13)や，前置詞を置き換えても文の意味がほとんど変わらない例(14)などもある．
(12) a. Ich freue mich *über seinen Besuch.* （私は彼が来てくれて嬉しい．）
　　 b. Ich freue mich *auf seinen Besuch.* （私は彼が来るのを楽しみにしている．）
(13) a. Wir warten *auf die Gäste.* （私達は客が来るのを待っている．）
　　 b. Wir warten *mit dem Essen.* （私達は食事をしないで待っている．）
(14) Er berichtete *über seine Reise / von seiner Reise.* 彼は旅行について/旅行のことを報告した．

2．多くの文法書によれば，副詞規定詞の前置詞句は単一語の副詞で置き換えられるが，目的語の前置詞句は前置詞＋代名詞あるいはda＋前置詞でしか置き換えられない．
(15) Wir warten *auf der Brücke.* （副詞規定詞）
　　⇒ Wir warten *dort / da.* （私達はそこで待っている．）
(16) Wir warten *auf den Lehrer*〈*auf den Zug*〉．（目的語）
　　⇒ Wir warten *auf ihn*〈*darauf*〉．（私達は彼を〈それを〉待っている．）

しかし，この置き換えの可能性という基準も不十分な点が多い．たとえば(17)の前置詞句は「パンを切る**道具**」を表すので，「方法」を表す副詞規定詞だと考えられるが，damit (da＋前置詞) で置き換えることはできても，単一

語の副詞 so で置き換えることはできない．
- (17) Er schneidet das Brot *mit dem Messer*. （彼はパンをナイフで切る．）
    - ⇒ Er schneidet das Brot *damit*. （彼はパンをそれで切る．）
    - ≠ Er schneidet das Brot *so*. （彼はパンをそうやって切る．）

このように，1．と 2．に挙げた基準ですべての前置詞句を副詞規定詞と目的語に残りなく分類することはできない．Duden や Engel などの文法書では，実際には「空間 Raum」，「時間 Zeit」，「様態 Art und Weise」，「原因・理由 Grund」のどれかを表す前置詞句は副詞規定詞とし，この四つのどれにも当てはまらない前置詞句は目的語としている．しかし，たとえば「様態」と言っても，何が「様態」で，何が「様態」ではないかを常に明確に区別できるとも限らない．Eisenberg(²1989：292)が「実際，前置詞句の目的語機能と副詞機能を一貫して区別することに成功した者はまだいない」と述べているように，客観的な基準によって目的語の前置詞句と副詞規定詞の前置詞句を矛盾なく分類することはおそらく不可能である．また，副詞規定詞か目的語かが決まらなければ前置詞を正しく使えないわけではないので，分類自体はそれほど重要ではない．

3.3.3.5.4. 付加語 Attribut

次の例の前置詞句はそれぞれ先行する名詞の付加語として用いられている．このことは，たとえば(18)の前置詞句 in Tokyo を先行する名詞 das Leben と一緒に定形動詞の前に移動できることからも見て取れる．

- (18) Ihm gefällt das Leben *in Tokyo* sehr. （彼は東京での生活がとても気に入っている．）
    - → Das Leben *in Tokyo* gefällt ihm sehr.
- (19) Der Abschied *von seiner Freundin* fiel ihm sehr schwer. （恋人との別れが彼にはとても辛かった．）
- (20) Ihm hat die Fähigkeit *zur Anpassung* gefehlt. （彼には順応する能力が欠けていた．）

先行する名詞と付加語としての前置詞句を文の形に書き直してみると，次のような三つの場合に分けることができる．
- (21) das Leben in Tokyo. → Er lebt *in Tokyo*. （彼は東京で生活して

いる．）
(22)　der Abschied von seiner Freundin → Er verabschiedete sich *von seiner Freundin*. （彼は恋人と別れた．）
(23)　die Fähigkeit zur Anpassung → Er war *zur Anpassung* fähig. （彼は順応する能力があった．）
付加語の前置詞句は，(21)では副詞規定詞に，(22)では動詞の目的語に，(23)では形容詞の目的語にそれぞれ対応している．

3.3.3.5.5.　述語内容詞 Prädikativum
前置詞句には次のような述語内容詞としての用法もある．
(24)　Diese Aufgabe ist *von höchster Wichtigkeit*. （この課題は極めて重要だ．）
(25)　Er wird immer mehr *zum Pantoffelhelden*. （彼はますます妻の言いなりになる．）
(26)　Ich hielt ihn zuerst *für eine Frau*. （私は彼を最初は女性だと思った．）
(27)　Er verarbeitet Holz *zu einem Schrank*. （彼は木材を加工してタンスにする．）
(24)や(25)の前置詞句は「Xは〜だ」や「Xは〜になる」の「〜」のような，主語に対する述語内容詞として，(26)や(27)の前置詞句は「XがYを〜と見なす」や「XがYを〜にする」の「〜」のような，4格目的語に対する述語内容詞として用いられている．

3.3.3.5.6.　そ　の　他
次の例文(28)の前置詞句は「私が彼に会った」という「出来事の場所」を表す副詞規定詞として用いられている．一方，表面的には同じ構造の文(29)の前置詞句は「私が彼に会った」時点での「彼の様子」を表している．
(28)　Ich traf ihn *im Kino*. （私は彼に映画館で会った．）
(29)　Ich traf ihn *im dunklen Anzug*. （私はダークスーツ姿の彼に会った．）
Helbig/Buscha(1984：298)はこの(29)のような前置詞句を副詞規定詞とは区別し**述語的付加語** prädikatives Attribut と呼んでいる．述語的付加語とし

て用いられるのは形容詞（Er trinkt den Kaffee *schwarz*. 彼はコーヒーをブラックで飲む．）や過去分詞（Ich habe das Auto *gebraucht* gekauft. 私はその車を中古で買った．）が多いが，(29)のように前置詞句が述語的付加語として用いられることもある．

3.3.4. 格と意味

前節3.3.3.では1格，2格，3格，4格および前置詞句の用法を概観した．本節3.3.4.では，それぞれの格の主要な用法を中心に，格と意味の関係について考える．その際，格の用法を大きく二つに分けて見ていく．一つは，主語の1格，目的語の4格，目的語・利害・所有の3格であり，これらの格の意味は述語動詞（および述語形容詞）との関係で考える．もう一つは付加語の2格で，この場合は被修飾語名詞との意味的な関係が問題となる．前者は3.3.4.1.で，後者は3.3.4.2.で取り上げる．

3.3.4.1. 主語の1格，目的語の4格，目的語・利害・所有の3格

格と意味との関係については大きく分けて二つの考え方がある．一つは，それぞれの格に固有の意味があるとする考え方である．この考え方によれば，目的語が4格ならば「行為が直接的に関わる対象(ein unmittelbar betroffenes Objekt)」を表し，3格ならば「行為が間接的に関わる対象（ein mittelbar betroffenes Objekt)」を表す（Grundzüge 1981：583, 585）というように，格の違いに意味の違いが対応している．「主語（の1格）は，それについて何かが述べられる対象を表す（Das Subjekt nennt ein Etwas, von dem etwas ausgesagt wird.）」(Duden Grammatik, ³1973：485）という説明も同じ考え方に基づいている．

もう一つは，それぞれの格に固有の意味はないとする考え方である．この考え方によれば，動詞の目的語が4格になるか3格になるかということは，前置詞の格支配と同様，単なる形式上の慣習であり，格にはせいぜい「主語である」とか「目的語である」ということを標示する機能しかない．動詞を文構造の中心に据え，主語，目的語，副詞規定詞などは対等の資格で動詞に依存すると考える**結合価文法** Valenzgrammatik では，一般に格に固有の意

味はないとされている．

　以下，主語や目的語の格に固有の意味を認めることができるという前者の立場に立ち，格に固有の意味をどのように捉えることができるかを考えていく．

3.3.4.1.1. 意味役割と格

　まず例文（1）～（4）を見てみよう．イタリックの部分は，いずれも1格の主語だが，文の中で担う意味的な役割はそれぞれ異なっている．

（1）　*Klaus* warf den Ball. （クラウスはボールを投げた．）
（2）　*Klaus* bekam ein Geschenk. （クラウスは贈り物をもらった．）
（3）　*Er* freute sich über das Geschenk. （彼は贈り物をもらって喜んだ．）
（4）　*Das Geschenk* freute ihn. （贈り物は彼を喜ばせた．）

　（1）の主語 Klaus は対象物に対して働きかける能動的な主体であるが，（2）の主語 Klaus は対象物を受け取るだけであり，能動的な働きかけはしていない．また，（3）の主語 Er は感情の担い手であるが，（4）の主語 Das Geschenk は感情を引起す原因である．このように，それぞれの文肢が文の中で担っている意味的な役割を**意味役割** semantische Rollen と言う．上の例文の主語は，（1）では〈動作主〉，（2）では〈受容者〉，（3）では〈感情主〉，（4）では〈原因〉という意味役割を担っていると言うことができる．

　（1）～（4）は，文法的には主語として一括りにされるものがさまざまな意味役割を担い得ることを示す例だったが，これとは逆に，同じ意味役割が文法的には異なった形式によって表される場合もある．

（5）　*Mein Vater* besitzt einen Mercedes. （父はベンツを持っている．）
（6）　Der Mercedes gehört *meinem Vater*. （そのベンツは父のものだ．）
（7）　Er schreibt *einen Aufsatz*. （彼は作文を書く．）
（8）　Er schreibt *an einem Aufsatz*. （彼は作文を書く．）

　それぞれのイタリックの部分を見てみよう．（5）の Mein Vater は主語，（6）の meinem Vater は3格目的語だが，どちらも〈所有者〉という意味役割を担っている．また（7）の einen Aufsatz は4格目的語，（8）の an einem Aufsatz は前置詞格目的語だが，どちらも「書く」という行為の〈対象〉である．

3.3. 格

　このように，主語や目的語の格（及び目的語の表示に用いられる前置詞）という文法上の形式と〈動作主〉や〈対象〉という意味役割との間に一対一の対応関係は見られない．1格・4格・3格という格に固有の意味は認められないとする考え方は，この点を主な論拠の一つとしている．たしかに，(1)～(4)あるいは(5)～(8)などを見ると「主語は〈動作主〉すなわち動作の主体を表す」と単純に言い切ることはできない．しかし，主語が〈動作主〉に対応することも〈感情主〉に対応することもあるからといって，主語に固有の意味が無いと言い切るのも短絡的である．そもそも何を「意味」と考えるかによって，格の意味の捉え方も変わってくるからである．次の3.3.4.1.2.では，格と意味役割の対応関係を別の観点から見てみよう．

3.3.4.1.2. 意味役割の交替 ― 主語と4格目的語の意味的特性

　まず「私達が店を5分後に閉める」という出来事を表す例文(9)と，それに対応する例文(10)を比べてみよう．

(9)　*Wir* schließen den Laden in 5 Minuten.　（私達は5分後に店を閉める．）

(10)　*Der Laden* schließt in 5 Minuten.　（店は5分後に閉まる．）

　(9)では〈動作主〉が主語になり，文全体として「誰が何をするか」を表現している．一方(10)では〈動作主〉は姿を消し，(9)で動作の〈対象〉であった「店」が主語となって，文全体としても「何がどうなるか」という出来事を表現している．このように，事柄をどのように捉えて表現するかに応じて，主語になる意味役割が替わることがある．このことを主語における「意味役割の交替」と呼ぶことにする．このような意味役割の交替は，他にもたとえば上に挙げた(3)と(4)の主語に見られる〈感情主〉と〈原因〉の交替や，(5)と(6)の主語に見られる〈所有者〉と〈所有物〉の交替など多数見られる．さらに(11)bのような受動文や(12)bのような受動文のヴァリエーションなども入れると，主語における意味役割の交替はドイツ語ではかなり広い範囲で観察される．

(11)　a.　*Er* hat den Termin nicht eingehalten.　（彼は期日を守らなかった．）

　　　b.　*Der Termin* ist nicht eingehalten worden.　（期日は守られなかった．）

(12) a. *Sie* hat den Wein getrunken.（彼女はそのワインを飲んだ．）
　　 b. *Der Wein* lässt sich trinken.（そのワインは飲める＝おいしい．）

次に，4格目的語における意味役割の交替を見る．

(13) a. Er füllt *Kartoffeln* in den Sack.（彼はジャガイモを袋に詰める．）
　　 b. Er füllt *den Sack* mit Kartoffeln.（彼は袋にジャガイモを詰める．）

(13)のaでは〈移動物〉が，bでは〈容器〉が4格目的語になっている．このような意味役割の交替に伴い，(13)のaは「ジャガイモをどうするか」という捉え方の表現となり，bは「袋をどうするか」という捉え方の表現になっている．4格目的語における意味役割の交替の例として他に(14)〜(16)などがある．

(14) a. Sie schlägt *ihn* mit der Faust.（彼女は彼を拳で殴る．）
　　 b. Sie schlägt ihm *die Faust* ins Gesicht.（彼女は彼の顔を拳で殴る．）
(15) a. Wir brennen *Holz* zu Kohlen.（私たちは木を焼いて炭にする．）
　　 b. Wir brennen *Kohlen* aus Holz.（私たちは木から炭を焼く．）
(16) a. Sie laden *Steine* auf den Wagen.（彼らは石を車に積む．）
　　 b. Wir beladen *den Wagen* mit Steinen.（彼らは車に石を積む．）

(14)のaでは殴る〈対象〉である「彼」が，bでは殴る〈道具〉である「拳」が4格目的語になっている．また(15)のaでは炭を焼く〈材料〉の「木」が，bでは木を焼いてできる〈生産物〉の「炭」が4格目的語になり，(16)のaでは〈移動物〉である「石」が，bでは石が積まれる〈場所〉の「車」がそれぞれ4格目的語となっている．

それでは，3格についてはどうだろうか．著者の調査では，1格（主語）及び4格（目的語）において見られたような意味役割の交替は3格には見られない．一例として「彼〈与え手〉が彼女〈受け手〉に何か〈対象物〉を与える」という出来事を表す三つの構文を見てみよう．（以下の例では，〈与え手〉にはx，〈受け手〉にはy，〈対象物〉にはzという指標を付けておく．）

(17) Er$_x$ gibt/schenkt/spendet/verkauft ... ihr$_y$ etwas$_z$.（彼は彼女に

3.3. 格

何かを与える/贈る/寄付する/売る…)
(18) Er$_x$ vergibt/verleiht/vermietet/gibt weg/schickt weg … etwas$_z$ an sie$_y$. (彼は何かを彼女に与える/貸す/賃貸する/あげる/発送する…)
(19) Er$_x$ versieht/beschenkt/beliefert/bedenkt/stattet aus … sie$_y$ mit etwas$_z$. (彼は彼女に何かを与える/贈る/納品する/贈る/持たせる…)

　まずそれぞれの4格目的語に注目してみよう．(17)と(18)では〈対象物〉zが4格目的語になり，(19)では〈受け手〉yが4格目的語になっている．つまり「〈与え手〉が〈受け手〉に〈対象物〉を与える」ことを表現するとき，どの構文を用いるかによって，〈対象物〉と〈受け手〉のどちらを4格目的語にするかを選ぶことができる．次に主語を見てみる．能動文のままならば三つの構文すべてで〈与え手〉xが主語になっているが，(17)と(18)を受動文に変換すれば，4格目的語だった〈対象物〉zが主語になり，(19)を受動文に変換すれば，4格目的語だった〈受け手〉yが主語になる．つまり，三つの構文のどれを用いるか，また能動態にするか受動態にするかによって，〈与え手〉，〈受け手〉，〈対象物〉のどれを主語にするかを選ぶことができる．では3格はどうだろうか．3格として表されるのは(17)の〈受け手〉yだけであり，三つの構文のいずれを用いても，また受動文に変換したとしても〈与え手〉xや〈対象物〉zを3格にすることはできない．このように，〈与え手〉，〈受け手〉，〈対象物〉の内，3格になるのは〈受け手〉に固定されている．
　1格（主語）と4格（目的語）には意味役割の交替が見られるが，3格には意味役割の交替が見られないという違いは，格の意味とどのように関連しているのだろうか．上述のように，主語も4格目的語も〈動作主〉なり〈対象物〉なりの特定の意味役割と固定的に結び付いてはいない．主語や4格目的語には，事柄の捉え方に応じて異なる意味役割が割り当てられるのである．何に焦点を合わせて事柄を捉えるかに応じて，何を主語にするか，あるいは何を4格目的語にするかを選択できるということは，逆に言えば，主語と4格目的語には「焦点を合わせる対象を取り立てる」という意味的な働きがあるということである．
　舞台に喩えて言えば，主語にはある役者にスポットライトを当てて主役として際立たせる働きがあり，4格目的語には主役の行為が及ぶ対象に二つ目のスポットライトを当てて際立たせる働きがあるということになる．たとえ

ば(18)では二つ目のスポットライトを〈対象物〉に当てて,「〈与え手〉が〈対象物〉をどうするのか」という見方で「与える」という行為を捉えているのに対して,(19)では二つ目のスポットライトを〈受け手〉の方に当てて,「〈与え手〉が〈受け手〉に対して何をするのか」という見方で同じ「与える」という行為を捉えているのである.これと同じ喩えで,3格に「意味役割の交替」という現象が見られないことを説明しようとすれば,3格には役者にスポットライトを当てて際立たせるという働きがないということになる.3格は,何に焦点を合わせて事柄を捉えるかということに ― 少なくとも主語や4格目的語と同じ程度には ― 関与していないのである.

3.3.4.1.3. 格の序列

　3.3.4.1.で「主語はそれについて何かが述べられる対象を表す」,「4格目的語は行為が直接的に関わる対象を表す」また「3格目的語は行為が間接的に関わる対象を表す」という特徴付けに言及した.次に,Welke(1988)の「視点 Perspektive」という考え方を手がかりとして,これらの特徴付けを捉え直してみよう.

　Welke(1988：58)によると,ある事柄を言葉で表現することは「森羅万象の中からある一つの側面を切り取り,この側面を際だたせること」に他ならない.この「切り取る」こと及び「際だたせる」ことを Welke は「視野に入れる (in Perspektive bringen)」と呼んでいる.視野に入れられれば,当然その対象は文の中で実際に言及されることとになる.

　(20)　Emil kauft ein Buch.　(エミールは本を買う.)
　(21)　Emil kauft von Egon ein Buch.　(エミールはエゴンから本を買う.)

「売買」という出来事には一般に〈買い手〉,〈売り手〉,〈品物〉,〈代金〉が中心的に関わっていると言える.(20)ではその内〈買い手〉と〈品物〉だけを視野を入れた表現であり,(21)では更に〈売り手〉も視野に入れた表現となっている.

　それでは文中に表示されている対象は全て同じ程度の重要さで扱われて視野に入れられているのだろうか.そうではない.Welke によれば,視野の中にあるそれぞれの対象は,何を主役として出来事を描き出すかという観点から序列付けられる.この序列を標示するのが格の根本的な意味機能なのであ

3.3. 格

る.

　この序列は「1格＞4格＞3格」というものである．すなわち，出来事の描出において主役として位置付けられる対象が主語（1格）になり，主役に準ずるものとして位置付けられる対象が4格（目的語）になり，さらにその次に位置付けられる対象が3格で表される．この序列の最上位に位置付けられる対象が主語（1格）になるということは，主語は「それについて何かが述べられる対象を表す」ということに他ならない．また4格目的語が「行為の直接及ぶ対象」を表し，3格目的語が「行為の間接的に及ぶ対象」を表すということも Welke の説明にしたがって解釈すれば，4格で表示されているものは3格で表示されているものよりも上位の（あるいは中心的な）ものとして描かれているということになる.

　なお，格に固有の「意味」を認めない立場の Helbig/Buscha ([8]1984：285) も格の序列は認め，「1格＞4格＞3格」という順位を付けている．ただし，この序列は，（ⅰ）主語だけが定形動詞と（人称・数において）呼応する，（ⅱ）典型的な受動文の主語になれるのは4格目的語だけである，（ⅲ）主語（1格）―4格目的語―3格の順で文肢としての必須性が下がる等の統語的な基準によるものであり，この序列は格の意味とは無関係であると言う．しかし Welke によれば，このような統語的序列も，何を主役と見なし，何を脇役と見なして事柄を描き出すかという観点による，いわば文意味から見た格の序列が形式として現れたものに他ならない．

　3.3.4.1.2. で「xがyにzを与える」というタイプの動詞における意味役割と格の対応関係を考察し，次の ⅰ.～ⅲ. のような結果を得たが，この結果も，格の序列の反映と考えて差し支えない．

　ⅰ．主語は〈与え手〉，〈対象物〉，〈受け手〉のどれかを表すことができる
　ⅱ．4格は〈対象物〉か〈受け手〉のどちらかを表すことができる
　ⅲ．3格は〈受け手〉しか表すことができない

　一般に，言語はさまざまな伝達上の必要を満たさなければならない．事象の「切り取り方」になぞらえて言えば，言語は状況に応じたさまざまな「切り取り方」に対応できなければならない．すると，それぞれの「切り取り方」において最優先に取り立てられる対象が主語になるとするならば，主語が上で見たように，状況に応じて異なった意味役割を表示し得るということ，しかも，主語，4格目的語，3格目的語の中で最も多くの種類の意味役割を表

示し得るということは全く理にかなったことだと言うことができる．
　上で，4格目的語が〈対象物〉または〈受け手〉という異なった意味役割を表示し得るのに対して，3格が表示し得るのは〈受け手〉のみであるということ，つまり3格には主語や4格に見られるような表示し得る意味役割のヴァリエーションがないということを見たが，このことは「1格＞4格＞3格」という序列と整合するばかりではなく，3格が主語及び4格目的語と，程度だけでなく質的にも異なるということを示しているとも言うことができよう．

3.3.4.1.4. 格の対立の例

　次は，同じ事柄を格の組合せが異なる文構造で表した場合，文の意味がどのように異なるかという問題を具体例に即して考えよう．

1．**4格と3格**　まず，(22)のaとbのような表現を比べてみよう．
(22)　a. Der Arzt hat *dem Patienten* geraten, eine Kur zu machen.
　　　　（医者は患者に療養するよう助言した．）
　　　b. Der Arzt hat *den Patienten* beraten.　（医者は患者に助言した．）

　aでは助言の〈相手〉が3格になっているが，bでは4格になっている．そして，aでは「療養するように」という助言の〈内容〉が表されているが，bでは助言の〈内容〉は表されていない．(22)のaとbのペアに限らず，筆者が調べた限りでは，3格＋ratenの全事例でzu不定詞句ないしは他の形式によって助言の〈内容〉が表されていたが，4格＋beratenの例では助言の〈内容〉が表されている事例は一例も無かった．この結果から，3格＋ratenは「何をすべきかを具体的に助言する」ことを表すのに対して，bの4格＋beratenは「個々の具体的な内容は問題とせずに，色々と助言する」ことを表すという違いが確認できる．それでは，具体的な助言の〈内容〉が表されるかどうかということは，助言の〈相手〉が3格になるか4格になるかということとどのように関連しているのだろうか．

　3.3.4.1.2.で，1格主語に次いで4格目的語にもスポットライトが当たると述べた．助言の〈相手〉を表す格と〈内容〉の表示の有り無しの関係もこれに沿って説明できる．まず(22)のbでは，動詞に接頭辞be-を付けて，助言

3.3. 格

の〈相手〉をわざわざ4格で表しているが，それにより，この〈相手〉に特にスポットライトが当てられ，助言の〈内容〉の方は背景に退く．その結果，bでは助言の〈内容〉が文には現れず，「医者が患者に色々と助言する」という意味になるのだと考えられる．一方aでは，助言の〈相手〉が3格で表されているため，この〈相手〉に特別にスポットライトが当てられることもない．それで具体的な助言の〈内容〉の方も文に現れるというわけである．格の「意味」と言うとき，意味役割との対応という観点からのみ考えてしまうことが多いが，このような「どの側面に焦点を合わせて事柄を描き出すか」という観点も忘れてはならない．

次の例として，(23)のような身体部位への働きかけを表す表現の3格と4格を比べてみよう．

(23)　a.　Sie schlägt *dem Mann* auf den Kopf. （彼女はその男の頭を殴る．)
　　　b.　Sie schlägt *den Mann* auf den Kopf. （彼女はその男の頭を殴る．)

aでは主語の行為の〈対象〉— ここでは「殴る相手」— が3格で示され，bでは4格で示されている．このような身体部位への働きかけを表す表現のペアについては，行為の〈対象〉が4格になるbのタイプでは「動作の物理的な強度が大きい」と主張されることがある．しかし「殴る」という動作の物理的な強さに応じて3格と4格を使い分けると考えるのは無理があるように思える．ここではaとbが表す事態そのものは同じだが，「殴る相手」を3格とするか4格とするかに応じて，事態の捉え方が異なっていると考える．

まず，aとbの文構造から見直してみよう．表面的には「殴る相手」が3格か4格かという違いだが，bの4格が動詞の目的語であるのに対して，aの3格は所有の3格だと考えるのが妥当だろう．すなわちbは [Sie schlägt den Mann] という骨組みに [auf den Kopf] が付加された構造(25)であり，aは [Sie schlägt auf den Kopf] に [dem Mann] が「頭」の「帰属先」として関係している構造(24)だと考えるのである．実際，殴る相手を4格にすれば身体部位の表示が無くても(27)のように表現が成立するが，3格にすると(26)のような非文法的な表現になってしまう．

(24)　[sie schlägt auf den Kopf]＋dem Mann （(23)のaに対応）
(25)　[sie schlägt den Mann]＋auf den Kopf （(23)のbに対応）

(26)　*Sie schlägt dem Mann.
(27)　Sie schlägt den Mann.

さらに(25)のような分析がまさに当てはまる例として Starke (1970：77)が挙げている実例を引用しておく．(28)ではまず「誰が誰を殴るか」という基本的な枠組みが提示された上で「身体部位」が追加されている．また(29)は — 動詞が schlagen ではなくて stechen になっているが — (25)の分析そのままの構造を示している．

(28)　Sie schlug das Kind mit der flachen Hand immer wieder heftig auf Wangen, Mund und Nase. （彼女は子供を平手で繰り返し激しく殴った，頬を，口をそして鼻を．）

(29)　... dazu stachen einen immerzu die Fliegen von den Pferdeställen nebenan, vor allem in die Beine. （その上しょっちゅう隣の馬小屋のブヨにさされたよ，特に足を．）

こう考えると(23) a の jemandem auf den Kopf schlagen と(23) b の jemanden auf den Kopf schlagen の違いは，「殴る相手」を 3 格にするか 4 格にするかという表面的なところにあるのではなく，「殴る相手」に焦点を合わせて表現するために 4 格目的語を用いるか，「殴る相手」ではなく「殴る」という動作の方に焦点を合わせて表現するために，「殴る相手」を 4 格目的語ではなく所有の 3 格として表すかという違いにあるということになる．

2．4 格と前置詞句
次は 4 格と前置詞句の対立の例である．

(30)　a.　Er hat *an einem Buch* geschrieben. （彼は本を書いていた．）
　　　b.　Er hat *ein Buch* geschrieben. （彼は本を書いた．）
(31)　a.　Sie klopft *an die Tür*. （彼女は戸をたたく．）
　　　b.　Sie klopft *die Matratze*. （彼女はマットレスをたたく．）

(30)の a では schreiben の目的語が an＋3 格で表され，b では 4 格で表されている．それに対応して，a は「本を書いていた（がまだ書き上げてはいない）」ことを表現するのに対して，b は通常は「本を書き上げた」ことを含意する．このような意味の違いはどのように生じるのだろうか．a では an＋3 格によって「少しずつ作業をして最後には完成させる」という意味が表されているが（⇒3.2.4.4.3. an（4）），b では「完成させる」という意味が語彙的に表されているわけではない．b が「本を書き上げた」ことを含意するの

も，4格目的語に焦点が合わせられるということによると考えられる．つまり「本」に焦点を合わせて「彼が書く」という行為を眺めれば，「本はどうなるか？⇒本は完成する」という推論が成立して，「本を書き上げた」ことが含意されるのである．

(31)では同じ klopfen という動作の対象であっても，「戸をたたく」の場合は an＋4格で表され，「マットレスをたたく」の場合は4格目的語で表される．このような違いも，4格目的語に焦点が合わされるということと関連している．「マットレスをたたく」のは通常は「埃をたたき出してマットレスをきれいにする」ためであるから，マットレスに焦点を合わせて「マットレスをどうするか」という捉え方をするのが相応しい．それでマットレスが4格になっている．それに対して「戸をたたく」のは，通常は「部屋の中の人に入ってよいか尋ねる」などのためであり，たたくことによって「戸」そのものに影響を及ぼそうという行為ではない．つまり「戸」を4格目的語にすることは，事態の捉え方にそぐわないのである．

3.3.4.2. 2格付加語の意味

2格付加語はたいていの場合「～の」と訳すことができるが，被修飾語の名詞との意味的な関係は実に多様である．たとえば das Bild meines Vaters（父の絵）のような一見単純明快そうな表現でも「父が所有する絵」，「父が描いた絵」，「父を描いた絵」のような複数の解釈の可能性がある．最終的には言語的文脈と場面的文脈を考慮に入れ，場合によっては背景知識をも総動員して初めて2格付加語と被修飾語名詞の意味的な関係を正しく捉えることができる．以下，2格付加語と被修飾語の意味的な関係の主なタイプを挙げておく．

3.3.4.2.1. 所有者・使用者

2格付加語が（広義の）「所有者」や「使用者」を表す．
　　das Auto der Ärztin（女医の自動車）/das Büro des Anwalts（弁護士の事務所）/die Heimat meines Vaters（私の父の故郷）/das Gelände der Fabrik（工場の敷地）

3.3.4.2.2. 作者・製作者
被修飾語が作品や製作物を表し，2格付加語がその作者や製作者を表す．
die Werke der Dichterin（女流詩人の作品）/der Aufsatz des Physikers（物理学者の論文）/Produkte der chemischen Industrie（化学産業の生産物）

3.3.4.2.3. 作品・製作物
上の場合とは逆に，被修飾語が作者や製作者を表し，2格付加語がその作品や製作物を表す．
der Verfasser des Aufsatzes（その論文の執筆者）/der Komponist dieser Symphonie（この交響曲の作曲家）/der Verlag dieses Bestsellers（このベストセラーの出版社）

3.3.4.2.4. 性質・特徴
2格付加語が被修飾語の表す人物や事物の性質・特徴を表す．
eine Frau mittleren Alters（中年の女性）/Tage der Freude（喜びの日々）/eine Fahrkarte zweiter Klasse（2等車の乗車券）

3.3.4.2.5. 性質・特徴の担い手
2格付加語がある対象を表し，被修飾語がその対象の性質・特徴や一側面を表す．
die Kapazität der Fabrik（工場の生産能力）/die Größe des Zimmers（部屋の大きさ）/die Höhe des Bergs（山の高さ）

3.3.4.2.6. 全　　体
2格付加語が全体を表し，被修飾語がその内の一定量や一部分を表す．
die Hälfte der Klasse（クラスの半分）/der erste Teil des Buches（本の第1部）/die Tür des Zimmers（部屋の戸）/der kleine Zeiger der Uhr（時計の短針）

3.3.4.2.7. 素材・材料
2格付加語が素材や材料を表し，被修飾語はそれから成るまとまりを表す．

ein Berg alter Bücher（古い本の山）/ein Strauß roter Rosen（赤いバラの花束）/eine Gruppe Jugendlicher（若者のグループ）

3.3.4.2.8. その他

2格付加語を「〜の」ではなく「〜という」と訳した方が適切な場合や，付加語（＝副）と被修飾語（＝主）という関係が日本語とは逆になるような表現もある．

das Rechtsmittel des Einspruchs（異議申し立てという法的手段）/die Strafe der Verbannung（追放という罰）/ein Strahl der Hoffnung（希望の一条＝一条の光のような希望）/die Nacht des Faschismus（ファシズムの闇＝闇のようなファシズム）

以上が2格付加語と被修飾語の意味的関係の主なタイプであるが，もちろん他にもまだ用例がある．たとえば das Verbrechen der Hitlerzeit（ヒトラー時代の犯罪）では2格付加語が被修飾語の名詞を時間的に限定しているし，der Frieden der Welt（世界の平和）では被修飾語の名詞を空間的に限定している．

また，動詞から派生した名詞や，意味としては動詞に近い名詞が被修飾語の場合，「被修飾語＋2格付加語」という表現は文の形に展開することができる．

3.3.4.2.9. 主語

被修飾語＋2格付加語を文の形に展開した場合，2格付加語が文の主語となり，被修飾語が述語動詞となる．

das Sausen des Sturmes（嵐のざわめき）＞ *Der Sturm* saust.（嵐がざわめく．）/die Behauptung des Angeklagten（被告の主張）＞ *Der Angeklagte* behauptet.（被告が主張する．）/die Liebe der Eltern zu ihren Kindern（両親の子供への愛情）＞ *Die Eltern* lieben ihre Kinder.（両親が子供を愛する．）

3.3.4.2.10. 目的語

被修飾語＋2格付加語を文の形に展開した場合，2格付加語が文の4格目

的語となり，被修飾語が述語動詞となる．

　die Befreiung des Vaterlandes（祖国の解放）> Man befreit den *Vaterland*.（人々が祖国を解放する．）/die Lösung der Probleme（諸問題の解決）> Man löst *die Probleme*.（人が問題を解決する．）/der Bau des Hauses（家の建築）> Man baut *das Haus*.（人が家を建てる．）

3.3.4.2.11. 前置詞句による代用表現

　この小節の始めに挙げた das Bild meines Vaters のように，被修飾語と2格付加語の意味的な関係を一義的に確定できないケースも多々ある．そのような場合，前置詞を用いることで曖昧さを避けることができる．

　das Geschenk Monikas（モーニカからの〈への〉贈り物）— das Geschenk *für* Monika（モーニカへの贈り物）/die Beschreibung des Zeugen（証人による〈についての〉描写）— die Beschreibung *durch* den Zeugen（証人による描写）

　ただし，意味的関係を明示する場合以外にも，2格付加語の代りに前置詞句が用いられることがある．特に固有名詞や無冠詞複数形の場合は2格の代わりに von その他の前置詞句を用いることが多い．

　Mutter *von drei Kindern*（3人の子の母親＝Mutter dreier Kinder）/in der Umgebung *von München*（ミュンヒェンの周辺に＝in der Umgebung Münchens）/die Museen *in Berlin*（ベルリンの博物館＝die Museen Berlins）/die Brücken *über Rhein*（ライン川の橋＝die Brücken des Rheins）

参考文献

Bausewein, Karin : *Akkusativobjekt, Akkusativobjektsätze und Objektsprädikate im Deutschen : Untersuchungen zu ihrer Syntax und Semantik*, Tübingen : Niemeyer, 1990.

Dal, Ingerid : *Kurze Deutsche Syntax : auf historischer Grundlage*, Tübingen : Niemeyer, 1966.

Duden : *Grammatik der deutschen Gegenwartssprache*, 3., neu bearbeitete und erweiterte Auflage, Mannheim : Bibliographisches Institut, 1973.

Duden : *Grammatik der deutschen Gegenwartssprache*, 5., neu bearbeitete und erweiterte Auflage, Mannheim : Bibliographisches Institut, 1995.

Dürscheid, Christa : *Die verbalen Kasus des Deutschen : Untersuchungen zur Syntax, Semantik und Perspektive*, Berlin : W. de Gruyter, 1999.

Eisenberg, Peter : *Grundriß der deutschen Grammatik*, 2., überarbeitete und erweiterte Auflage, Stuttgart : J. B. Metzler, 1989.

Engel, Ulrich : *Deutsche Grammatik*, Heidelberg : Groos, 1988.

Eppert, Franz : *Grammatik lernen und verstehen : ein Grundkurs für Lerner der deutschen Sprache*, Stuttgart : Klett, 1988.

Heidolph, Karl Erich/Flämig, Walter./Motsch, Wolfgang (Hg.) : *Grundzüge einer deutschen Grammatik*, Berlin : Akademie-Verlag, 1981.

Helbig, Gerhard/Buscha, Joachim : *Deutsche Grammatik : ein Handbuch für den Ausländerunterricht*, Leipzig : Enzyklopädie, 1984.

Schmidt, Wilhelm : *Grundfragen der deutschen Grammatik*, Berlin : Volk und Wissen, 1977.

Starke, Günther : Konkurrierende syntaktische Konstruktionen in der deutschen Sprache der Gegenwart. In : *Zeitschrift für Phonetik, Sprachwissenschaft und Kommunikationsforschung.* Bd. 23, 1970, S. 53 — 84.

Valentin, Paul : Zur Semantik des Nominativs. In : Vouillaume, Marcel (Hg.) : *Die Kasus im Deutschen, Form und Inhalt.* Tübingen : Stauffenburg, 1998, 115 — 130.

Wegener, Heide : *Die Nominalflexion des Deutschen : verstanden als Lerngegenstand*, Tübingen : Niemeyer, 1995.

Welke, Klaus M. : *Einführung in die Valenz- und Kasustheorie*, Leipzig : Bibliographisches Institut, 1988.

Welke, Klaus M. : Pragmatische Valenz, Verben des Besitzwechsels. In : *Zeitschrift für Germanistik* 1/1989, 5 — 18.

参考文献

小川暁夫 (1991a)：「3格の実現について」．日本独文学会編『ドイツ文学』第87号，1991，119—130．

小川暁夫 (1991b)：「3格と命題——『関心の3格』に関する仮説—」．神戸大学ドイツ語教室『ドイツ文学論集』第20号，1991，31—54．

チャールズ J. フィルモア著；田中春美，船城道雄訳：『格文法の原理：言語の意味と構造』東京：三省堂，1975．

辞 書 類

Duden: *Richtiges und gutes Deutsch, Zweifelsfälle der deutschen Sprache von A bis Z* (CD-ROM), Mannheim: bibliographisches Institut & F. A. Brockhaus, 1997. (=DRGD)

Duden: *Das große Wörterbuch der deutschen Sprache*, 10 Bände auf CD-ROM, Mannheim: bibliographisches Institut & F. A. Brockhaus, 1997. (=DGW)

Langenscheidts Großwörterbuch Deutsch als Fremdsprache (CD-ROM), Berlin und München: Langenscheidt, 1999. (=LDaF)

Hermann Paul Deutsches Wörterbuch, 9. vollständig überarbeitete Auflage von Helmut Henne und Georg Objartel (CD-ROM), Tübingen: Niemeyer, 1997.

Schröder, Jochen: *Lexikon deutscher Präpositionen*, Leipzig: Enzyklopädie, 1986.

語の索引

a

- à ······95
- ab ······76
- abseits ······72
- abzüglich ······73
- als ······58
- an ······70, 100
- an- ······60
- an/auf/in＋3格 ······114
- anfangs ······72
- angesichts ······72
- anhand ······72
- anlässlich ······73
- anstatt ······71, 72
- anstelle ······72
- auf ······102
- auf- ······60
- auf/an/in＋3格 ······114
- auf＋4格/in＋4格/zu＋3格 ······116
- aufgrund ······72
- aufseiten ······72
- aus ······77
- aus- ······60
- ausschließlich ······73
- außer ······78
- außerhalb ······59, 71
- außerhalb von ······75
- aus と von ······114

b

- bei ······78
- bei＋3格/zu＋3格/nach＋3格/in＋4格 ······116
- beiderseits ······71
- beistehen ······60
- betreffs ······72
- bezüglich ······73
- binnen ······86
- bis ······61, 87

c

- contra ······95

d

- dank ······86
- diesseits ······71
- diesseits von ······75
- durch ······89

e

- einschließlich ······73
- entgegen ······86
- entlang ······95
- entsprechend ······86
- exklusive ······74

f

fern	86
für	90

g

gegen	92
gegenüber	79
gemäß	86
gen	95
getreu	86
gleich	87

h

halber	74
hervor	114
hinsichtlich	73
hinter	104

i

in	105
in/an/auf＋3格	114
in＋4格/auf＋4格/zu＋3格	116
in＋4格/nach＋3格/zu＋3格/bei＋3格	116
infolge	72
inklusive	74
inmitten	72
innerhalb	71

j

jenseits	71

k

kontra	95
kraft	73

l

längs	72
laut	73
links	73

m

mangels	72
minus	74
mit	80
mithilfe	72
mitsamt	87
mittels	72

n

nach	81
nach＋3格/in＋4格/zu＋3格/bei＋3格	116
nächst	87
nahe	87
namens	72
neben	107
nebst	87
nördlich	73

o

ob	74
oberhalb	71

ohne	61, 93
östlich	73

p

per	95
plus	74
pro	95

r

rechts	73
rücksichtlich	73

s

samt	87
seit	61, 82
seitens	72
seitwärts	73
statt	71
südlich	73

t

trotz	71
trotz＋3格	76

u

über	59, 107
um	61, 93
um ... willen	57, 74
unangesehen	73
unbeschadet	73
unerachtet	73
unfern	74

ungeachtet	73
unter	59, 109
unterhalb	71
unweit	74

v

vermittels	72
vermöge	73
via	95
von	82
vonseiten	72
von と aus	114
vor	111
vorbehaltlich	73

w

während	71
wegen	71, 74
wegen＋3格	76
westlich	73
weswegen	66
wider	95
wie	58

z

zu	84
zu＋3格/in＋4格/auf＋4格	116
zu＋3格/nach＋3格/in＋4格/bei＋3格	116
zufolge	87
zugunsten	72, 74
zulasten	73

zuliebe …………………57, 87	zuzüglich ……………………73
zuseiten ……………………73	zwecks ………………………72
zuungunsten ……………73, 74	zwischen …………………113
zuwider ……………………87	

事項の索引

あ

穴埋めの es ………………122
意味役割 semantische Rollen ……152

か

間接目的語 indirektes Objekt ……131
期待の対象の auf ……………69
機能動詞構造 Funktionsverbgefüge
　………………………142
後置詞 Postposition………57

さ

ザクセン2格 sächsischer Genitiv
　………………………126
思考対象の an ………………69
周置詞 Circumposition………57
自由な3格 freier Dativ ………132
主題の über …………………69
述語 Prädikat………………123
述語動詞 Prädikatsverb ………123
相関詞の es ………………122

た

代名副詞 Pronominaladverb………62
男性弱変化名詞の語尾の脱落 ……119
男性・中性単数3格の -e …………118
直接目的語 direktes Objekt………131
同属目的語 kognates Objekt ……141

な

内的目的語 inneres Objekt ………140
2格の -[e]s の脱落 …………75, 119

は

非人称の es ………………122
付加語 Attribut ……………120
文肢 Satzglied ……………120
編入目的語 inkorporiertes Objekt
　………………………141

や

4格と3格 …………………158
4格と前置詞句 ……………160

目録進呈　落丁本・乱丁本はお取替えいたします。

平成16年7月30日　Ⓒ　第1版発行
平成17年3月10日　　　第2版発行

著　者	成田　節（なりた　たかし） 中村　俊子（なかむら　としこ）
発行者	佐藤　政人

発行所

株式会社　大学書林

東京都文京区小石川4丁目7番4号
振替口座　00120-8-43740
電　話　(03) 3812-6281〜3番
郵便番号112-0002

〈ドイツ語文法シリーズ〉3
冠詞・前置詞・格

ISBN4-475-01492-1　写研・横山印刷・文章堂製本

浜崎長寿・乙政　潤・野入逸彦編集
「ドイツ語文法シリーズ」
第Ⅰ期10巻内容（※は既刊）

第1巻
※「ドイツ語文法研究概論」　　　浜崎長寿・乙政　潤・野入逸彦

第2巻
※「名詞・代名詞・形容詞」　　　浜崎長寿・橋本政義

第3巻
※「冠詞・前置詞・格」　　　成田　節・中村俊子

第4巻
　「動詞」　　　浜崎長寿・野入逸彦・八本木　薫

第5巻
※「副詞」　　　井口　靖

第6巻
※「接続詞」　　　村上重子

第7巻
※「語彙・造語」　　　野入逸彦・太城桂子

第8巻
　「発音・綴字」　　　桝田義一

第9巻
※「副文・関係代名詞・関係副詞」　　　乙政　潤・橋本政義

第10巻
※「表現・文体」　　　乙政　潤

乙政　潤　著　　入門ドイツ語学研究　　Ａ５判　200頁
乙政　潤
ヴォルデリング　著　　ドイツ語ことわざ用法辞典　　Ｂ６判　376頁
浜崎長寿
乙政　潤　編　　日独語対照研究　　Ａ５判　248頁
野入逸彦

― 目　録　進　呈 ―